PICCOLA BIBLIOTECA EINAUDI   506
Geografia. Storia

© 1989 Giulio Einaudi editore s. p. a., Torino

ISBN 88-06-11480-8

MARCELLO CARMAGNANI
GIOVANNI CASETTA

AMERICA LATINA: LA GRANDE TRASFORMAZIONE

1945-1985

Piccola
Biblioteca
Einaudi

Indice

p. 3   I. Introduzione

11   II. Il passaggio verso una società di tipo urbano
12   1. L'esplosione demografica
16   2. La tensione città-campagna
21   3. Il pauperismo e la proletarizzazione
27   4. La ridefinizione delle classi medie
31   5. La trasformazione delle oligarchie

36   III. Lo sviluppo industriale e la crescita economica
37   1. Le tendenze dell'economia
43   2. Il ritardo del settore agricolo
49   3. La realtà dello sviluppo industriale
56   4. I limiti della crescita industriale

65   IV. La politica e i sistemi politici
66   1. I progetti di rinnovamento
72   2. Le forze politiche
81   3. La rivoluzione cubana
86   4. La stasi del Centroamerica
91   5. Verso la stabilizzazione: Venezuela e Colombia
95   6. Il nazionalismo economico: il Messico
101   7. Il nazionalismo rivoluzionario: la Bolivia
106   8. Il nazionalismo militare: il Perú
110   9. Il progressismo e la reazione in Cile
115   10. La crisi del nazional-populismo in Argentina
118   11. Il nazionalismo e l'autoritarismo in Brasile

p. 123	v. Una trasformazione bloccata?
125	1. Le prime forme autoritarie
129	2. L'affermazione dell'autoritarismo
138	3. Il declino delle forme autoritarie
143	4. Verso la democrazia?
149	*Saggio di cartografia storica*
171	*Bibliografia critica*

AMERICA LATINA: LA GRANDE TRASFORMAZIONE
1945-1985

Per dovere di precisione, gli autori informano che i capitoli II, III, il saggio di cartografia storica e la bibliografia critica sono stati redatti prevalentemente da Carmagnani, mentre il cap. IV deve essere attribuito prevalentemente a Casetta. Il cap. I e il cap. V sono stati redatti in comune. Peraltro, ciascun autore si considera responsabile per quanto è stato pensato e scritto dall'altro.

1.
Introduzione

Gli ultimi quarant'anni della storia dell'America latina sono caratterizzati da forti convulsioni, da enormi squilibri e da drastiche contraddizioni che offuscano il significato profondo della sua evoluzione. Mentre è evidente il drammatico impoverimento delle classi popolari – soprattutto nelle aree urbane –, o la violenza del conflitto tra le tendenze regressive e quelle progressive, o lo squilibrio dei conti con l'estero o, non ultima, l'imperversante corruzione che deriva dal traffico della droga, sono altrettanto evidenti alcune linee di cambiamento positivo: l'emergenza di nuovi attori sociali, la crescita e la trasformazione del settore industriale, la nascita dell'agroindustria e, infine, l'affermazione di prospettive politiche in senso democratico. Questi fenomeni sono tanti aspetti di una medesima realtà, sono gli indicatori di un processo di rapida trasformazione, che si manifestano con maggiore evidenza nel periodo compreso tra la fine della seconda guerra mondiale e gli anni '80.

La difficoltà di comprendere questo processo, che è destinato a orientare le società latinoamericane in una prospettiva di modernità, è imputabile, in primo luogo, alle insufficienze delle analisi espresse dalla storiografia latinoamericana, o latinoamericanista, relativamente alla seconda metà del nostro secolo. Sono piuttosto prevalenti gli studi politici, sociali o economici che tendono a spiegare il presente senza valutare con sufficiente attenzione le interconnessioni tra gli elementi che concorrono a determinare i fenomeni, senza indicarci i loro precedenti, né la loro evoluzione temporale. Pertanto, alla debolezza di questi studi deve essere imputata la responsabilità di avere contribuito a trasmetterci un'immagine assai sbiadita del percorso storico dei paesi latinoamericani che, come qualsiasi altro processo storico, non può essere di tipo lineare, né tanto meno può essere descritto come un percorso in direzione costantemente ascendente.

La mancanza di studi attendibili, capaci di spiegarci gli orientamenti in atto nell'area latinoamericana, o anche le diversità presenti tra le singole aree nazionali, ci ha imposto, sin dall'inizio, di concentrare i nostri sforzi proprio sugli elementi che normalmente sono piú trascurati dagli studi relativi agli aspetti recenti della storia latinoamericana: i ritmi temporali e gli elementi di interconnessione di quella trasformazione che investe l'intera America latina.

Nel momento in cui ci ponevamo il problema dei ritmi del processo di trasformazione, constatavamo che la maggior parte degli studi disponibili tendevano a individuare il punto di svolta nella crisi mondiale degli anni 1929-32, facendo coincidere con questa crisi l'inizio delle trasformazioni destinate a ridefinire le società latinoamericane. La grande crisi, tuttavia, che alcuni sociologi ed economisti latinoamericani non esitano a qualificare come una crisi strutturale per distinguerla da altri fenomeni puramente congiunturali, è solo uno dei fattori che precedono il processo verso la modernità.

La svolta significativa, ovvero il momento che piú di ogni altro determina il processo di rapida trasformazione, deve essere piuttosto individuata negli anni '40. È in questo momento che si potenziano le risorse dei paesi latinoamericani, attraverso quell'aumento delle esportazioni di beni primari che erano necessari alle potenze europee e statunitense per sostenere lo sforzo bellico. In questo modo si incrementarono rilevantemente le entrate statali e i profitti privati, favorendo l'effettivo decollo dei progetti di sviluppo industriale e l'ampliamento del mercato interno, mediante le politiche di ridistribuzione a favore dei settori sociali precedentemente emarginati. Pertanto, solo negli anni '40 si originò quel nuovo fenomeno capace di riattivare le società latinoamericane, nella dimensione dell'iniziativa pubblica come in quella dell'iniziativa privata.

Indubbiamente, questo fenomeno sinergico, che è l'elemento scatenante della grande trasformazione, non si manifestò in eguale misura, né con analoghi effetti, presso tutti i paesi latinoamericani. Invece, si espresse inizialmente in alcuni paesi grandi e medi, piú precisamente in quelle società che nel corso dell'ultimo terzo del secolo XIX avevano sperimentato alcune modernizzazioni parziali e che nei primi anni '30 erano riuscite a elaborare una cultura politica di tipo nazionalista. Tuttavia, a differenza di quanto era avvenuto in passato, sul finire degli anni '40 questo processo di trasformazione investe anche quei paesi che precedentemente non erano stati coinvolti da significativi fenomeni di modernizzazione.

Ne deriva che il processo di modernizzazione determinerà anche una nuova gerarchia tra i paesi latinoamericani, in cui è possibile distinguere quelli a maggiore intensità di trasformazione (Argentina, Brasile, Uruguay, Cile, Colombia, Venezuela, Messico e Cuba), da quelli a media intensità di trasformazione (Perú, Bolivia, Ecuador, Costa Rica e Guatemala), sino a quelli in cui lo spessore del fenomeno è piú contenuto (Paraguay, Panama, El Salvador, Nicaragua, Honduras).

Il processo di trasformazione, contrariamente a quanto ha sostenuto una gran parte della pubblicistica europea o americana di tipo sociologico, non sembra essere stato condizionato in modo determinante dalla capacità dei nuovi attori sociali, quali emergevano all'interno dei singoli paesi, di superare, di volta in volta, la tradizione ispanica, o lusitana o india, rifiutando ogni forma di identità storica per esternare altri valori culturali nazionali o «moderni». Viceversa, dalle numerose ricerche antropologiche ormai disponibili emerge piuttosto la capacità dei nuovi e dei vecchi attori sociali di saper sfruttare tutte le possibilità offerte dai processi di modernizzazione per riformulare, all'interno di valori decisamente latinoamericani, la loro identità sociale, etnica e nazionale. Se cosí non fosse, come sarebbe possibile spiegare il ristagno che si riscontra in Argentina, ovvero nel paese latinoamericano che piú di qualsiasi altro era riuscito a interiorizzare entro la nazionalità tutte le diversità etniche e culturali che derivavano dall'immigrazione europea? Del resto, come sarebbe possibile spiegare anche la trasformazione verificatasi in un paese come il Messico dove, forse per effetto della rivoluzione, era stato possibile rendere compatibile la tradizione con le istanze modernizzanti?

Abbiamo già ricordato che il processo di trasformazione della società non nasce casualmente. Esso, piuttosto, ha origine da fenomeni specifici e precisamente individuabili, che si manifestano storicamente durante l'ultimo trentennio del secolo XIX e durante gli anni '30 del nostro secolo. La loro caratteristica comune è quella di essere gli elementi necessari ma non sufficienti per l'affermazione di un'effettiva trasformazione, poiché, a differenza di quanto avverrà negli anni '40, essi riusciranno solo parzialmente a investire le tradizionali componenti su cui si reggevano le società latinoamericane: il dominio esercitato dalla grande proprietà fondiaria; l'inesistenza di veri e propri mercati nazionali; l'egemonia, quasi assoluta, del potere dei notabili sul sistema politico; l'esclusione dei ceti popolari perpetuata dalle élites dominanti.

I primi fenomeni specifici che precedono il grande processo di trasformazione, ovvero quelli collocabili nell'ultimo trentennio del secolo XIX, riguardano prevalentemente alcuni aspetti della vita economica. Gli altri, quelli che si manifestano negli anni '30, sono piuttosto relativi a taluni aspetti della cultura politica.

Nel corso dell'ultimo trentennio del secolo XIX le novità consistono essenzialmente nelle capacità delle élites di vincolarsi al mercato internazionale, tramite un'alleanza di tipo informale con il capitale inglese. È questa alleanza dei notabili con gli imprenditori e i finanzieri inglesi che permette lo sviluppo della rete ferroviaria che, oltre ad avvicinare i centri di produzione dei beni primari ai porti di esportazione, favorirà anche la riorganizzazione e l'utilizzazione territoriale dei singoli paesi, stimolando altresí l'emergenza dei nuovi attori sociali – ceti medi e ceti imprenditoriali – ai quali, tuttavia, resterà sostanzialmente preclusa la possibilità di esprimersi sulla scena politica. Infatti, la politica e il controllo dell'apparato statale rimangono di dominio, quasi esclusivo, delle vecchie classi dominanti, i notabili. Nonostante l'orientamento verso la modernizzazione economica, questo ceto dei notabili tende ancora a definirsi in modo tradizionale, ovvero a partire dall'eredità famigliare (prestigio), dai meriti politici acquisiti (onore) e, infine, dalla fortuna accumulata (ricchezza), mediante l'esercizio di attività diversificate, come il possesso di latifondi, il commercio, la partecipazione nelle aziende straniere, in generale, e inglesi, in particolare.

Il risultato piú significativo di questa prima modernizzazione è quello di aver creato un clima favorevole all'attività imprenditoriale; di aver introdotto nella logica economica preindustriale alcuni criteri di mercato, anche se limitatamente alla sola produzione di beni e di servizi; infine, di aver innescato talune condizioni favorevoli al passaggio verso la mobilità sociale, sebbene limitatamente ai ceti superiori e solo parzialmente alle classi medie. L'assorbimento consolidato di questi elementi positivi nella storia dei paesi latinoamericani è evidente: essi sopravviveranno alla recessione degli anni '20 e alla crisi economica del 1929-32, contribuendo non poco anche al suo superamento.

Gli anni '30 costituiscono il secondo precedente del processo globale verso la modernità in quanto, per effetto della crisi economica, nel ceto dei notabili si verifica una sensibile riduzione quantitativa, accompagnata da una rilevante concentrazione della ricchezza. Inoltre, in conseguenza delle sfavorevoli condizioni economiche e della pressione politica dei ceti medi, si assisterà alla progressiva mercificazione di due fattori produttivi sino a quel momento estranei alle regole del mercato: il lavoro e la terra. Questa novità contribuirà a favorire l'avvio del mercato autoregolato.

Tuttavia, a differenza di quanto era avvenuto durante l'ultimo trentennio del secolo XIX, l'elemento forte che caratterizza questa seconda tappa verso la modernità latinoamericana non sarà l'evoluzione economica, in quanto, come si è detto, questa evoluzione sarà sostanzialmente di segno negativo. L'elemento forte sarà piuttosto una nuova progettualità, elaborata dagli intellettuali delle classi medie, che assegna alla nazione la funzione di entità superiore agli interessi dei singoli gruppi e delle singole classi. In questa fase sarà lo Stato, in prima persona, ad assumersi il compito di organizzare questi gruppi e di tutelarne gli interessi. La conseguenza di questa formulazione dottrinale sarà il rafforzamento dello Stato, che progressivamente istituzionalizzerà la propria funzione, assoluta e incontrastata, di proteggere e di tutelare la nazione dalle minacce esterne e dalla sovversione interna, garantendo anche il soddisfacimento dei bisogni primari e la realizzazione degli interessi di tutte le componenti sociali. In questo modo, ai preesistenti attori sociali – i ceti medi – e alla nuova classe emergente – il proletariato nato dal mercato autoregolato – non rimane che legittimare la politica del nazionalismo e confidare in quella nuova entità statale che si definisce sulla base dell'interclassismo e del garantismo.

È stato necessario ricordare brevemente i due precedenti storici della grande trasformazione che inizia negli anni '40, sottolineandone l'importanza, intanto per individuarne gli elementi di continuità rispetto alla trasformazione del dopoguerra, e anche per stabilire il reale punto di partenza del processo definitivo che condurrà l'America latina verso la modernità. Infatti, l'ultimo trentennio del secolo XIX e gli anni '30 rappresentano soltanto i precedenti storici di quel fenomeno articolato che si consoliderà successivamente, in quanto, come si è visto, non sono altro che processi di trasformazione parziali che, quantunque incidano in modo rilevante sulla vita economica e sulla vita culturale, produrranno solo scarsi effetti indotti sulla storia globale dei paesi dell'America latina. Sono comunque importanti anticipazioni, poiché la modernità avviatasi negli anni '40 riprenderà questi elementi di rinnovamento economico e culturale e li inserirà in un nuovo contesto totalizzante, costituito da un macroprocesso interattivo in cui la società, la politica, l'economia e la cultura formano un corpo organico, scomponibile solo per scopi analitici.

L'esame del processo di trasformazione globale, dunque, è l'argomento privilegiato di questo libro. Tuttavia, è necessario precisare che, all'interno di questo processo di trasformazione che si sviluppa con una propria organicità e unità, sono riconoscibili alcune fasi, cosí distinte: la fase iniziale, tra il 1945 e il 1953-55; la fase di ristagno, tra il 1953-1955 e il 1965-68; la fase di ripresa, tra il 1965-68 e il 1973-1975; infine, la fase terminale, tuttora inconclusa, che parte dal 1973-75.

È anche opportuno chiarire che questa periodizzazione è

puramente indicativa, e che il suo unico scopo è di offrire un punto di riferimento iniziale per orientarsi verso la comprensione dell'evoluzione della storia contemporanea dell'America latina. Infatti, al lettore sarà immediatamente chiaro che lo sviluppo storico di ciascuna area nazionale potrà anche differire da questa periodizzazione schematica, essendo evidenti, rispetto ad essa, le presenze di situazioni concrete di anticipazione o di ritardo.

L'elemento primario che scatena la prima fase, o meglio, la prima ondata di trasformazione, è la presenza di nuovi attori sociali. Questi, infatti, daranno vita a un rinnovamento nel rapporto di interazione tra la città e la campagna, che si risolverà con il predominio urbano e tutti gli effetti dirompenti che ne deriveranno; contribuiranno altresí a dare vita a una nuova struttura produttiva industriale, anch'essa essenzialmente urbana; infine, collaboreranno a definire la nuova entità statale, quando lo Stato assumerà la scelta interclassista e ridistribuzionista. Indubbiamente, questa prima fase di trasformazione si manifesta prevalentemente nei grandi paesi (Argentina, Brasile e Messico), e in misura minore in quelli medi (Cile, Perú, Colombia e Venezuela), mentre la sua incidenza sarà solo parziale nei piccoli paesi (Ecuador, Bolivia e Cuba).

La seconda fase di trasformazione investirà soprattutto i medi paesi, e in misura minore i piccoli, mentre nei grandi sussisteranno forti ostacoli verso il compimento di un'ulteriore avanzata del processo.

La terza ondata di trasformazione ha nuovamente, quali protagonisti principali, due dei grandi paesi latinoamericani, il Brasile e il Messico, mentre nell'altro grande paese, l'Argentina, si verifica una consistente spinta regressiva. Tra i medi, riusciranno ad avanzare piú rapidamente soprattutto quelli beneficiati dalle esportazioni petrolifere (Venezuela ed Ecuador, per esempio), mentre negli altri si assisterà piuttosto a un fenomeno di arretramento (il Perú, ad esempio).

L'ultima fase, infine, che non si è ancora completata, può costituire il banco di prova dell'intero processo di trasformazione iniziatosi quarant'anni fa. In questi momenti di crisi economica e politica, che non risparmia nemmeno piú il

Messico – il paese sostanzialmente piú stabile dell'intera area latinoamericana –, sembra intravvedersi la conclusione di quel processo di trasformazione che ha dominato la vita di quasi tutti i paesi dell'America latina tra il 1945 e il 1985, e che si è realizzato attraverso le costanti interazioni della società e dell'economia, della società e della politica, della società e della cultura.

Tuttavia, se il processo di trasformazione è riuscito a ridefinire i paesi latinoamericani entro una dimensione di modernità, anche in America latina, come peraltro è avvenuto negli ultimi decenni in altre aree del mondo, esso potrà essere in grado di avviare una progressiva tendenza ad accrescere l'autonomia delle diverse componenti sociali. E questa circostanza – è quasi superfluo sottolinearlo – non è altro che la premessa indispensabile per rendere realizzabile un nuovo processo storico positivo, proiettato in una prospettiva di rilancio della democrazia.

Il processo di trasformazione che si è concretizzato nei paesi latinoamericani negli ultimi quarant'anni si configura come un processo non lineare, caratterizzato da ritmi di sviluppo diseguali e da divari rilevanti tra i diversi paesi o, addirittura, all'interno stesso dei singoli paesi.

Per rendere piú comprensibile questo processo, abbiamo elaborato due strumenti complementari: un saggio di cartografia storica, che consigliamo di anteporre alla lettura del testo, in quanto questo apparato grafico permette di individuare la visione d'insieme del nostro discorso; e una guida di lettura, che organizza la bibliografia dei testi che consigliamo di leggere per ogni ulteriore approfondimento dei problemi trattati nel volume.

II.
Il passaggio verso una società di tipo urbano

Il processo di rapida trasformazione che negli ultimi decenni investe l'area latinoamericana è la risposta a due fenomeni sociali: il primo, quasi incontrollabile, è costituito dalla violenta esplosione del problema demografico; il secondo, che è una diretta conseguenza del primo e della ristrutturazione produttiva che colloca l'industria in una posizione di centralità, è rappresentato dall'espansione di due attori sociali, il ceto medio e il proletariato. Le aree di scontro tra questi nuovi attori sociali e quelli tradizionali – le oligarchie – sono le città, in generale, e le capitali, in particolare, che a partire dagli anni '40 vengono coinvolte in un processo irrefrenabile che, in meno di mezzo secolo, le trasformerà in immani megalopoli.

La tensione sociale, che soggiace al processo di trasformazione, nel corso di questo periodo tende ad assumere una configurazione di tipo quadridimensionale. La preesistente tensione tra l'oligarchia e i ceti medi viene sostituita da un'altra tensione, piú articolata, tra l'oligarchia, i ceti medi, il proletariato e il sottoproletariato, che moltiplica le possibilità di combinazione delle alleanze. Questa complessità della tensione sociale, inoltre, finirà per generare una serie di processi estremamente differenziati nei singoli paesi. Tuttavia, poiché tutti i ceti sociali, in maggiore o in minore misura, faranno riferimento al nazionalismo, ogni componente sarà orientata a ricercare un assestamento dei sistemi politici sulla base di alleanze interclassiste. Questa tendenza, incoraggiata dai governi sino a diventare connaturata nelle forme statali, registra un rallentamento solo negli anni

'60, mentre tende a scomparire negli anni '70, per poi riemergere, in un modo nuovo, negli anni '80.

1. *L'esplosione demografica.*

Uno dei problemi piú caratteristici dell'America latina a partire dal 1945 è, senza dubbio, la rapida crescita della sua popolazione. Da continente relativamente spopolato, l'America latina, verso la metà degli anni '70, diventa un subcontinente con una ricchezza demografica esuberante.

Le informazioni demografiche, a partire dagli anni '40, sono relativamente abbondanti, non solo per gli innegabili progressi delle statistiche nazionali, ma anche perché la crescita demografica, a livello internazionale e da parte delle classi dominanti, è vista come un elemento tendenzialmente destrutturante dell'ordine internazionale e dell'ordine sociale interno. In realtà, non potendo assicurarsi un tasso di crescita economica accettabile, i diversi governi latinoamericana tenteranno di frenare, senza peraltro riuscire nel loro scopo, sia la crescita demografica sia la tendenza all'esodo verso i centri urbani.

Il tasso di crescita demografica passa dal 2,3 per cento annuo del periodo 1940-50 al 2,7 nel 1950-60, e raggiunge il 2,9 nel decennio 1960-70. Durante gli anni '70 la crescita demografica registra un leggero rallentamento, passando al 2,6 per cento annuo nel periodo 1970-75. Tutti gli studi demografici concordano nel sostenere che la crescita continuerà, sino a raggiungere nell'anno 2000 il totale di 538 milioni di abitanti, ovvero il doppio della popolazione complessiva latinoamericana degli anni '70 (275 milioni).

Il problema demografico, che per l'intero periodo analizzato rappresenta l'elemento piú dinamico, per il prossimo futuro continuerà ad essere un elemento di massima importanza per comprendere nei giusti termini le tensioni sociali latinoamericane.

La crescita della popolazione latinoamericana è stata la seguente: 159 milioni di abitanti nel 1950, 209 milioni nel 1960, 275 milioni nel 1970, e 352 milioni nel 1980. Questa crescita, tuttavia, deve essere disaggregata, essendo necessario considerare le differenze esistenti nelle diverse aree latinoamericane.

A partire dal 1945-50 le aree che registrano il piú basso tasso di crescita sono i paesi dei Caraibi (Cuba, Puerto Rico, Santo Domingo, Haiti) e i paesi temperati del cono sud (Argentina, Cile, Uruguay e Paraguay). Per i primi la popolazione totale aumenta da 13 a 20 milioni di abitanti e, pertanto, il tasso di crescita demografico aumenta appena dall'1,9 al 2,3 per cento tra il 1950 e il 1970. Per i secondi la crescita demografica è ancora piú lenta: da 26 a 39 milioni di abitanti, con un tasso di crescita demografico dell'1,8 per cento annuo tra il 1950 e il 1970.

Sono le altre due aree, Messico - America centrale e America meridionale tropicale, che registrano una fortissima crescita demografica, continuando cosí la tendenza che si era già delineata tra gli anni '20 e '40. Il Messico e il Centro America vedono quasi duplicare la loro popolazione tra il 1950 e il 1970 (da 35 a 68 milioni di abitanti), con un aumento, pertanto, del tasso di crescita demografico (dal 2,8 al 3,3 per cento annuo). All'interno di quest'area è soprattutto il Messico che registra il maggiore incremento, poiché la sua popolazione passa da 26 a 51 milioni di abitanti e, quindi, il suo tasso di crescita demografico risulta essere uno dei piú alti dell'America latina (3,1 per cento nel periodo 1950-60; 3,2 nel 1960-70 e 3,1 nel 1970-80).

Nell'area meridionale tropicale (Brasile, Colombia, Perú, Venezuela, Ecuador e Bolivia) la popolazione cresce da 83 a 150 milioni di abitanti nel periodo compreso tra il 1950 e il 1970, ovvero con un tasso annuo del 2,8 per cento nel decennio 1950-60 e del 2,9 nel decennio 1960-70. Piú della metà della popolazione di questa vasta area è ubicata nel Brasile (52 milioni di abitanti nel 1950, 93 milioni di abitanti nel 1970 e 121 milioni di abitanti nel 1980), ma sono soprattutto la Colombia, il Perú e il Venezuela i paesi che presentano i maggiori tassi di crescita. Il Venezuela, senza dubbio, è il paese latinoamericano che esprime il record dei tassi di crescita: il 4 per cento annuo nel decennio 1950-60 e il 3,8 nel decennio 1960-70.

Gli elementi che ci permettono di spiegare questa accelerazione della crescita demografica sono essenzialmente due:

la caduta della mortalità e l'incremento della fecondità. Relativamente al primo elemento, la sua riduzione incomincia a manifestarsi già a partire dagli anni '30, ma è soprattutto dopo il 1945 che si accelera e si espande sul complesso dei paesi latinoamericani. Un esempio significativo: il Guatemala, che nel periodo 1930-34 registra uno dei piú alti tassi di mortalità, il 31,7 per cento, arriverà a ridurlo al 23,4 nel 1950-54, e al 15,1 nel 1965-70.

La generalizzazione di questa caduta del tasso di mortalità deve essere attribuita alla drastica riduzione della mortalità infantile, soprattutto quella dei neonati (tra 0 e 12 mesi di vita). In alcuni paesi, a questa caduta della mortalità infantile corrisponde una riduzione del tasso di natalità (Argentina e Uruguay); ma nella maggioranza dei paesi, specialmente in quelli in cui la riduzione della mortalità è piú recente, il tasso di natalità non registra una riduzione sostanziale. In alcuni, come il Messico, la Colombia e il Venezuela, il tasso di natalità registra persino un'espansione. Si assiste cosí a un'evoluzione del tasso di mortalità similare a quella dei paesi dell'Europa occidentale, mentre il tasso di natalità è essenzialmente identico a quello dei paesi demograficamente arretrati.

Questa evoluzione demografica ha determinato un rilevante aumento della speranza di vita e della sopravvivenza media che, tra gli anni '40 e '70, è passata da 38 a 60 anni; questo dato è indicativo della significativa trasformazione demografica dell'America latina negli ultimi trent'anni.

Non è possibile attribuire a questa notevole trasformazione una spiegazione di tipo puramente economico, in quanto non è tanto determinata dall'espansione delle strutture della sanità pubblica quanto, piuttosto, dalle modificazioni indotte dai programmi di espansione delle infrastrutture (ad esempio, l'acqua potabile). In realtà, se si confronta la speranza di vita del neonato latinoamericano con quella del suo simile europeo, possiamo rilevare che, nel 1960, mentre il primo ha una speranza di vita di 58 anni, per il secondo è di 71. Inoltre, affermare che la speranza di vita del neonato latinoamericano aumenta da 38 a 58 anni nell'arco di trent'anni non ha molto senso, poiché si tratta di un valore medio che non prende in considerazione le rilevanti differenze che esistono tra le aree rurali e le aree urbane, né considera le notevoli diversità esistenti sia all'interno delle aree urbane sia all'interno delle aree rurali.

Alcuni indicatori possono aiutarci a comprendere questi limiti della crescita demografica. Nel 1961 il 38 per cento delle famiglie latinoamericane non possiede una vera abitazione; nel 1964 i posti negli ospedali sono solamente 3,3 su 1000 abitanti in tutta l'America latina, ma mentre nelle aree urbane sono 6,6 su 1000, nelle aree rurali sono appena 2,9 su 1000; nel 1964 il numero di medici per 1000 abitanti era 14,8 nelle aree urbane e appena 3 nelle aree rurali.

Questi pochi dati ci indicano che la crescita demografica tende a concentrarsi essenzialmente nelle aree urbane, ovvero le sole che posseggono le infrastrutture assistenziali indispensabili; mentre nelle aree rurali, proprio perché queste infrastrutture non sono sufficienti, il tasso di natalità e la speranza di vita del neonato non sono molto diverse da quelle esistenti negli anni '30.

La forte differenziazione che caratterizza la crescita demografica all'interno dei singoli paesi latinoamericani ci permette di illustrare anche il ruolo sociale di questa crescita.

Il principale risultato dell'esplosione demografica sarà la presenza di un rilevante contingente di popolazione giovanile. La massa di giovani compresi tra 0 e 19 anni aumenta dello 0,5 per cento annuo nel decennio 1960-70 nell'intera America latina, con un'incidenza particolarmente rilevante in paesi come la Colombia, l'Ecuador, il Messico e il Venezuela, in cui l'incremento è superiore all'1 per cento annuo. Nel 1970 questa popolazione giovanile rappresenta il 52,9 per cento della popolazione totale, e il 42,3 per cento se si considera solamente la popolazione compresa tra 0 e 14 anni di età. Di questo enorme contingente di popolazione, quasi i due terzi non si trovano nelle condizioni di provvedere autonomamente alla propria sussistenza (gli elementi compresi tra 0 e 14 anni), mentre un altro terzo (quelli compresi tra i 15 e i 19 anni) si immette nel mercato del lavoro alla ricerca di un'occupazione.

La crescita demografica ci indica che ogni anno si presentano sul mercato del lavoro circa 2 milioni di nuovi lavoratori, ed è in questo momento che si manifesta concretamente la contraddizione esistente tra l'arretratezza economica e la crescita demografica. La struttura economica, infatti, non sarà in grado di convertire tutti i giovani in popolazione attiva occupata. La massa di giovani esclusi dal lavoro tenderà ad aumentare con un ritmo molto piú rapido rispetto a quello della crescita economica, con il risultato che la maggioranza si troverà in una costante condizione di disoccupazione o, nella migliore delle ipotesi, di sottoccupazione.

I dati sui tassi di disoccupazione a livello nazionale sono assai scarsi. Tuttavia, è interessante notare che, ad esempio, quello calcolato per l'area urbana di Buenos Aires stabilisce un'interessante distinzione, perché suddivide le persone impiegate in una sola occupazione da quelle attive in due o piú occupazioni. Altrettanto avviene in Cile, dove il tasso di disoccupazione nell'area urbana di Santiago, relativamente agli anni '50 e '60, non registra i giovani alla ricerca della prima occupazione. La Comisión Económica para América Latina (Cepal) nel 1958 stimò che la percentuale della popolazione attiva disoccupata e sottoccupata era del 30,4 per cento e che le percentuali piú elevate si registravano nel settore agricolo (32,6) e nel settore dei servizi (35,7), mentre le piú basse si registravano nei servizi qualificati (26) e nell'edilizia (6,4).

L'incapacità della struttura economica di assorbire la crescita demografica costituisce quindi una delle piú preoccupanti tensioni presenti nell'America latina tra il 1945 e il 1985. In realtà, la pressione dei giovani determina la tendenza ad espellere troppo rapidamente dalla popolazione attiva le persone ancora relativamente giovani; inoltre, deve anche essere rilevata la forte concorrenzialità tra gli individui appartenenti alla stessa fascia di età. Queste due circostanze, come vedremo meglio successivamente, determineranno alcune importanti implicazioni, non solo dal punto di vista economico e sociale, ma anche relativamente agli aspetti politici e culturali.

2. *La tensione città-campagna*.

La grande trasformazione avvenuta tra il 1945 e il 1970 in America latina può anche essere definita sinteticamente come la transizione da una situazione di equilibrio tra la città e la campagna verso un'altra situazione caratterizzata non solo dal predominio urbano quanto piuttosto dall'egemonia delle grandi metropoli.

Per comprendere esattamente questa importante trasformazione strutturale è necessario considerare la circostanza, che è stata illustrata nel precedente paragrafo, della forte presenza di contingenti demografici giovanili dotati di una grande mobilità spaziale. Inoltre, è necessario rilevare l'esistenza di un'importante differenziazione tra la crescita demografica rurale e la crescita demografica urbana, espressa dal fatto che mentre la popolazione urbana aumenta da 61 a 146 milioni (passando dal 39 al 54 per cento della popolazione totale) tra il 1950 e il 1970, la percentuale della popolazione rurale decresce considerevolmente, passando dal 61 al 46 per cento della popolazione totale.

Se è possibile affermare, come abbiamo cercato di mostrare, che a partire dal 1960 il continente latinoamericano si caratterizza per la presenza di una popolazione prevalentemente urbana, questa circostanza è dovuta essenzialmente alla crisi del settore agrario che, iniziatasi precedentemente al 1945, dopo questa data presenta un'ulteriore accelerazione. Tuttavia, a differenza di quanto accade prima del 1945, l'esodo non interesserà solamente le aree rurali arretrate, ma anche quelle coinvolte nel processo di riforma agraria o nel rapido processo di modernizzazione produttiva.

Al di là delle motivazioni che stanno alla base di questa rapida espansione della popolazione urbana, la tendenza di fondo è quella dello spopolamento della campagna latinoamericana: il tasso di crescita della popolazione rurale (1,3 per cento annuo tra il 1960 e il 1970) può solo parzialmente compensare le perdite provocate dalla mortalità, ma non compensa lo svuotamento determinato dai contingenti di migrazione. Più della metà dell'America latina ha una densità di popolazione rurale inferiore a 1 abitante per chilometro quadrato, e pochissime sono le aree rurali che registrano una densità di 50 abitanti per chilometro quadrato. Nemmeno la colonizzazione agricola (nell'area amazzonica del Brasile, nella regione di Guayana nel Venezuela, nell'area della selva nel Perú, ecc.) potrà contrastare questa tendenza verso il generale spopolamento delle aree rurali tradizionali.

Precedentemente abbiamo presentato qualche dato sull'espansione della popolazione urbana. Questi dati possono avere un esatto significato solo se si valutano congiuntamente a quelli della popolazione rurale. Nelle aree definite genericamente come urbane, piú del 40 per cento della massa di popolazione si trova concentrata in città con piú di 20 000 abitanti. Se consideriamo i centri urbani con piú di 100 000 abitanti, possiamo osservare che solo due paesi si possono caratterizzare con una forte connotazione di urbanizzazione (Argentina e Uruguay), poiché nei loro centri urbani vive piú del 40 per cento della popolazione totale; mentre gli altri paesi urbanizzati registrano la presenza di una popolazione urbana, che vive in centri con piú di 100 000 abitanti, superiore al 20 per cento (Brasile, Colombia, Costa Rica, Cuba, Cile, Ecuador, Messico, Nicaragua, Panama, Paraguay, Perú, Puerto Rico e Venezuela).

A partire dal 1945-50 si accentua la tendenza verso l'espansione urbana concentrata su una o al massimo su due città per ciascun paese (la capitale o il porto di esportazione), intensificando una caratteristica già presente nel periodo 1900-40. Questa tendenza, tuttavia, sembra essere molto debole dopo il 1960: nell'area Messico - America centrale, ad esempio, osserviamo che sono le città con meno di un milione di abitanti che registrano il maggiore tasso di crescita. Questo stesso fenomeno, quantunque non sia cosí chiaramente definito, continuiamo a incontrarlo nell'area meridionale tropicale, mentre è quasi completamente assente nel cono sud (Argentina, Uruguay e Cile).

Questa diversificazione a livello della struttura urbana, ovvero l'esistenza di centri urbani che registrano una forte crescita non essendo né la capitale né il porto di esportazione, ci indica che la tensione città-campagna tende ad evolversi e a favorire ulteriormente il predominio delle aree urbane. Fino al momento in cui le sole aree urbane in rapida crescita erano la capitale e il porto di esportazione, continuava a sussistere la possibilità, da parte della struttura agraria, di riassorbire o di neutralizzare gli effetti destrutturanti della polarizzazione urbana. Il fatto che a partire dal

1960 cominci a rafforzarsi la tendenza alla crescita delle aree urbane collocate nelle regioni interne o, comunque, in aree diverse dalla capitale o dal porto di esportazione, sembra essere un effetto indotto dello sviluppo, iniziato negli anni '40 e ristagnante negli anni '50, del mercato interno. Entro questa prospettiva, vengono ad acquisire maggiore importanza le città con piú di mezzo milione di abitanti, precisamente perché queste registrano una maggiore diversificazione produttiva e sociale dopo il 1950.

La tensione città-campagna viene ulteriormente evidenziata se dal rapporto demografico città-campagna si passa ad analizzare l'evoluzione della popolazione attiva. Tra il 1950 e il 1970 la popolazione attiva totale aumenta da 50,5 a 86,1 milioni di abitanti. Nel 1950 il 53,4 per cento (26,9 milioni) risiede nella campagna, mentre il restante 46,6 per cento (23,6 milioni) risiede nelle città. Nel 1970, sebbene la popolazione attiva delle campagne sia aumentata in valore assoluto (da 26,9 a 35,8 milioni), essa registra una riduzione del valore relativo (dal 53,4 al 41,6 per cento della popolazione totale).

Se si confronta la crescita della popolazione attiva nel settore agricolo con la crescita della produzione agricola, relativamente agli anni 1950 e 1960 osserviamo che la prima aumenta del 10 per cento, e la seconda del 20 per cento. Da questa semplice comparazione possiamo dedurre che, a causa della crisi agricola, lo spopolamento della campagna prosegue per l'intero periodo considerato, anche nelle aree in cui si attuarono le riforme agrarie. Lo squilibrio città-campagna tende cosí a risolversi con il predominio della città sulla campagna, mediante il predominio dell'industria sull'agricoltura e, a livello sociale, degli strati urbani sugli strati rurali. La definitiva predominanza delle città sulle campagne determinerà, negli anni '80, la progressiva ristrutturazione delle aree rurali.

Tuttavia, la supremazia delle città rispetto alle campagne non sarà sufficiente a risolvere le enormi tensioni esistenti all'interno delle aree urbane. Infatti, se si analizza l'evoluzione della popolazione urbana attiva entro il settore produttivo e in quello dei servizi, notiamo che mentre nel primo cresce lentamente tra il 1950 e il 1970 (dal 23,5 al 24,9 per cento della popolazione attiva totale), nel secondo la crescita è molto piú rapida (dal 20,7 al 27,8 per cento della popolazione attiva totale). La conseguenza è la terziarizzazione del settore urbano, che finirà per produrre una forte tensione sociale. Mentre si incrementa la crescita demografica, di fronte alla lenta crescita del prodotto nazionale, aumenta la tendenza verso la terziarizzazione della struttura urbana e, quindi, la configurazione parassitaria, le zone di miseria, la diffusione, in ampi settori, di livelli di povertà assoluta e relativa.

Il rilevante squilibrio nella distribuzione dei redditi, che sarà illustrato nel successivo capitolo, è l'elemento che ci può adeguatamente indicare fino a che punto si siano rafforzate, e si siano estese, le contraddizioni all'interno delle aree urbane, tanto da dare origine a nuove occasioni di conflittualità sociale e politica.

Abbiamo già rilevato che le percentuali di disoccupazione e di sottoccupazione, di cui disponiamo di una stima relativamente all'anno 1968, sono molto elevate in tutta l'America latina (il 30,4 per cento dell'intera popolazione attiva). L'aspetto piú sorprendente, di questa stima del 1968, è che il tasso di disoccupazione e di sottoccupazione attribuito alla forza-lavoro industriale è pari al 16,7 per cento, ovvero una percentuale che tradotta in valori assoluti rappresenta quasi 2 milioni di persone. Questo tasso di disoccupazione ci permette di ridimensionare quelle generiche affermazioni che sostengono che il problema centrale del sottosviluppo latinoamericano sia costituito dalla mancanza di istruzione della manodopera necessaria al settore industriale.

Senz'altro, è nelle aree rurali che si presenta in modo piú rilevante il fenomeno del mancato assorbimento, nella struttura produttiva, dei giovani che per la prima volta si immettono nel mercato del lavoro. Questi contingenti finiscono per espandere l'emigrazione verso la città e per incrementare, successivamente, la disoccupazione e la sottoccupazione urbana. Le catapecchie provvisorie diventeranno l'abituale dimora di questa nuova popolazione, e la sua costante espansione, soprattutto a partire dagli anni '60, indica la crescente conflittualità nelle aree urbane e le difficoltà dei sistemi latinoamericani di riassorbire, nel breve o nel medio termine, queste palesi contraddizioni.

Le tensioni, vecchie e nuove, che si polarizzano nelle aree urbane, alla fine si trasformeranno in un conflitto sociale che interesserà lo Stato nella sua totalità. Infatti, è lo Stato che deve finanziare l'espansione dei servizi urbani, mentre è essenzialmente la classe dominante che, attraverso la lottizzazione delle proprietà agricole vicine ai centri urbani in espansione, ottiene i maggiori vantaggi economici senza costi alcuni. Questa costante espansione della frontiera urbana conferisce alle città latinoamericane una speciale fisionomia: inglobano due o piú municipi e funzionano con due o piú centri con una limitata comunicazione tra loro. Le città diventano cosí il migliore esempio del fenomeno sociale piú generale latinoamericano: l'estrema disarticolazione di queste società.

3. *Il pauperismo e la proletarizzazione.*

Se lo spopolamento delle aree rurali costituisce una delle tendenze di fondo della società latinoamericana, un'altra tendenza è data dall'impoverimento relativo delle differenti classi sociali. Quest'ultima tendenza è particolarmente incisiva per le classi popolari e, all'interno di queste, interessa specialmente i gruppi etnici socialmente meno vincolati. È necessario comunque rilevare che questa tendenza all'impoverimento, che è la *conditio sine qua non* per la trasformazione delle classi popolari in proletariato, interessa anche le altre classi sociali, compresa la stessa classe dominante.

È particolarmente difficile l'individuazione, all'interno delle classi popolari, di quelle che si evolvono verso il proletariato e di quelle che non si evolvono in tale direzione o, al contrario, tendono a ridefinirsi entro la fascia del sottoproletariato. La difficoltà principale è data dall'assenza di precise indicazioni. Tuttavia, per comodità espositiva, possiamo stabilire una certa distinzione a partire dalle stime relative all'occupazione e alla sottoccupazione nel 1945. Da queste stime risulta che per ciascun proletario esistente ne corrisponde un altro in transizione, e altri tre sottoproletari o emarginati; ciò significa che nel 1945 il proletariato latinoamericano, ovvero quella parte di popolazione che vive nei centri urbani e che ottiene la propria sussistenza dal settore industriale, ha un peso sociale e politico assai limitato.

Gli studi esistenti, relativi alla diseguale distribuzione dei redditi nell'America latina, ci indicano che le classi popolari, che rappresentano piú della metà della popolazione totale, possono essere suddivise in due gruppi: il gruppo dei poveri assoluti, che rappresentano il 20 per cento della popolazione totale attiva e dispongono appena del 3,1 per cento dei redditi totali e che, conseguentemente, hanno un reddito pro capite inferiore al reddito pro capite nazionale; e il gruppo dei poveri relativi, che rappresentano circa il 30 per cento della popolazione latinoamericana, a cui corrisponde circa il 10,3 per cento dei redditi totali, con un reddito pro capite che è anch'esso inferiore al reddito medio pro capite nazionale. A questi gruppi ne deve essere aggiunto un terzo che, rappresentando il 10 per cento della popolazione totale, dispone del 6 per cento dei redditi totali, con un reddito pro capite uguale o leggermente inferiore al reddito pro capite nazionale.

Se consideriamo questi dati, possiamo rilevare che per ogni individuo povero (il 10 per cento della popolazione che ha un reddito pro capite uguale o leggermente superiore al reddito pro capite nazionale) vi sono tre individui molto poveri e due individui poverissimi.

È difficilmente comprensibile, se si utilizza il reddito pro capite come indicatore, la distinzione all'interno delle classi popolari tra il proletariato, il proletariato in transizione e gli emarginati. A questo punto, allora, è piú opportuno pensare che il numero degli operai presenti nel settore industriale debba rappresentare, indicativamente, il proletariato. Orbene, l'occupazione totale nel settore industriale e artigianale è di 7,2 milioni di persone nel 1950 e di 11,8 milioni nel 1970 (il 14,4 e il 13,8 per cento della popolazione totale); l'occupazione totale nel settore industriale aumenta da 3,5 a 6,7 milioni di persone tra il 1950 e il 1970 (passando dal 6,9 al 7,8 per cento della popolazione attiva), mentre l'occupazione nel settore artigianale aumenta da 3,7 a 5,1 milioni di persone (con un decremento dal 7,4 al 5,9 per cento della popolazione attiva). Se consideriamo che il primo dato rappresenta il complesso del proletariato e il secondo indica il proletariato in transizione, possiamo rilevare che verso il 1950 il rapporto numerico tra proletariato e proletariato in transizione è favorevole al secondo, mentre nel 1970 è favorevole al primo.

Questa stima indiretta ci autorizza a pensare che tra il 1945 e il 1975 il proletariato, per la prima volta nella storia dell'America latina, registra una rilevante crescita che tuttavia è inferiore a quella del sottoproletariato, degli emarginati, poiché il numero dei disoccupati e dei sottoccupati (25 milioni nel 1968) è quattro volte superiore al numero degli operai, dei proletari.

Questi calcoli e stime ci indicano che il rapporto quantitativo tra il proletariato, il proletariato in transizione e gli emarginati permane sostanzialmente identico tra il 1945 e il 1975. È possibile pertanto concludere che esiste un rapporto tra impoverimento ed espansione in termini assoluti del proletariato, e tra impoverimento ed espansione assoluta e relativa degli emarginati.

Da questi dati non è possibile individuare con chiarezza le modificazioni di ordine qualitativo che si verificano all'interno del proletariato come all'interno degli emarginati. Emerge piuttosto che la marginalità, come ha dimostrato un certo numero di studiosi, non è tanto una definizione transitoria, quanto invece una situazione di tipo permanente, definitiva. Da questo deriva che all'interno delle classi popolari emerge una tensione di conflittualità tra proletariato ed emarginati, determinata dal fatto che il primo può collocare sul mercato la propria forza-lavoro, mentre tale possibilità è preclusa ai secondi.

L'estensione di quartieri miserabili, *barriadas* e *favelas*, all'interno delle aree urbane, può aiutarci a comprendere, almeno indirettamente, la progressiva trasformazione che si verifica all'interno delle classi popolari latinoamericane. Prima del 1950 le *barriadas* nascono intorno alle metropoli, e successivamente incominciano ad estendersi verso i centri urbani minori. L'evoluzione piú significativa è indicata dalle *barriadas* esistenti verso il 1950, che da dimore provvisorie degli emarginati si trasformano, verso il 1970, in abitazioni permanenti. Un'altra modificazione è determinata dal fatto che gli individui che emigrano verso le città negli anni '60 e '70 trovano nelle *barriadas* quelle strutture di sistemazione che gli individui soggetti all'urbanizzazione degli anni '40 e '50 non avevano trovato.

Questa nuova situazione che si viene a creare all'interno dei settori emarginati determina alcune implicazioni nei rapporti che si stabiliscono tra gli emarginati e i restanti gruppi sociali. Gli aspetti caratteristici precedenti al 1950 – il rapporto degli emarginati con gli altri gruppi sociali mediato da una struttura di tipo clientelare – anche se non scompaiono totalmente, entrano in una fase di profonda trasformazione.

A causa della lunga permanenza nelle aree urbane, gli emarginati potranno scoprire i sindacati, i partiti politici, e ogni altra possibilità di organizzarsi, persino con l'appoggio della Chiesa. I sindacati e i partiti politici, che in precedenza ignoravano o, addirittura, davano una definizione essenzialmente negativa del fenomeno della marginalità, incominciano a rendersi conto della necessità di riconsiderare questo problema. Si assiste cosí a un duplice movimento: uno che parte dagli emarginati e l'altro che parte dalle organizzazioni sindacali e di partito, e a volte dallo Stato. Tutto ciò contribuirà a fare evolvere le fasce di emarginati, rendendoli sempre piú simili al proletariato tradizionale.

Per meglio comprendere la progressiva evoluzione degli emarginati, è necessario osservare anche l'evoluzione che si verifica nel proletariato. È indubbio che a partire dagli anni '50 e '60 il proletariato risente degli effetti del progressivo ristagno del settore industriale, con ripercussioni negative del salario reale, che determinerà una crescente pauperizzazione di questo settore popolare. Il deterioramento delle sue condizioni di vita determina un'evoluzione del proletariato, che progressivamente spezza il proprio isolamento e, attraverso le organizzazioni sindacali e i partiti, ricerca una convergenza con i settori di marginalità urbana. Di fatto, negli anni '70 il proletariato esprimerà una configurazione esteriore analoga a quella degli emarginati.

Questa progressiva convergenza tra emarginati e proletariato, quindi, rappresenta un fatto nuovo nell'evoluzione sociale dei diversi paesi latinoamericani, con rilevanti ripercussioni a livello economico e politico. Infatti, da questo momento sarà irrealizzabile qualsiasi progetto politico che non garantisca al proletariato e alle marginalità urbane un miglioramento delle loro condizioni di vita.

Per ottenere questo risultato, tanto il proletariato come le fasce di emarginati, e verso gli anni '70 anche i settori popolari rurali, hanno dovuto ricorrere alle tradizionali organizzazioni della classe operaia, soprattutto ai sindacati; tuttavia, dovranno altresí ricorrere anche a nuovi meccanismi aggregativi di tipo diverso, indipendenti dai luoghi di lavoro o dalle attività produttive, come i comitati di quartiere, di base, ecc. È verosimilmente attraverso questi nuovi canali di aggregazione che il proletariato e gli emarginati hanno incominciato a scoprire nuove forme di mobilitazione e di partecipazione.

Un analogo fenomeno si presenta nelle aree rurali in cui la riforma agraria e i processi di modernizzazione tendono a trasformare i coloni e i mezzadri in lavoratori giornalieri, separandoli pertanto dalla proprietà dei mezzi di produzione. La trasformazione dei giornalieri in proletari può essere misurata quantitativamente considerando che negli anni 1950 e 1960 la percentuale dei contadini senza terra oscilla tra il 23,2 per cento della popolazione rurale in Colombia e il 59,8 della popolazione rurale in Brasile. Questo potenziale proletariato rurale, anche se si indebolisce per effetto dello spopolamento delle aree rurali, rappresenta tuttavia una rilevante percentuale della popolazione totale.

Le rivendicazioni dei giornalieri, che non avevano necessariamente come obiettivo la divisione della terra quanto piuttosto i miglioramenti salariali e la liquidazione delle pratiche vessatorie e semifeudali dei grandi proprietari, si intensificano soprattutto negli anni '60 quali effetti della crisi agricola. I meccanismi di aggregazione delle rivendicazioni rurali sono soprattutto le leghe contadine, che si sviluppano nelle aree agricole piú povere, come il nord-est del Brasile in cui nascono alla fine degli anni '40, e i movimenti contadini che si sviluppano negli anni '50 in Colombia. Nel primo caso si tratta di associazioni essenzialmente composte da giornalieri e da contadini senza terra, mentre nel secondo caso si tratta di movimenti composti specialmente da piccoli proprietari.

Abbiamo fatto riferimento al nord-est del Brasile e alla Colombia per evidenziare che, molto prima che si concretizzi qualche riforma agraria, si assiste alla progressiva trasformazione delle vecchie forme di ribellione e di insurrezione contadina in movimenti dotati di una certa struttura permanente. In questo senso il nascente proletariato rurale ricorda il proletariato urbano e minerario dell'inizio del secolo, con la differenza che mentre quest'ultimo aveva scarse connessioni sociali e politiche con i restanti settori, il proletariato rurale può collegarsi con il proletariato delle aree urbane.

Negli anni '60 si verifica un'accelerazione nella trasformazione del giornaliero in proletario, come effetto indotto delle riforme agrarie. In realtà, con il fine di ridurre gli investimenti, tutte le riforme agrarie cercheranno di promuovere la nascita di movimenti cooperativi. Queste forme associative finiranno per aiutare i contadini consociati a sviluppare l'organizzazione di attività sindacali nelle campagne.

Oltre a questi fenomeni, che per comodità possono essere considerati come la conseguenza di un processo di maturazione interna degli strati rurali, non possiamo dimenticare anche la funzione di appoggio a questi movimenti offerta dai partiti della classe operaia. Questi ultimi, infatti, dopo il 1960 e soprattutto dopo la rivoluzione cubana, incominceranno ad abbandonare la tradizionale ottica operaista che aveva caratterizzato la loro emergenza nel corso del decennio 1930-40.

Sulla base di quanto abbiamo indicato, possiamo concludere che dopo il 1950 si registrano importanti novità a livello delle classi popolari. Queste novità devono essere viste in relazione al progressivo processo – non ancora esauritosi – di articolazione tra il proletariato e i settori emarginati, tanto che in futuro sarà impossibile distinguerli definitivamente l'uno dall'altro, come invece era possibile negli anni '40. Allo stesso modo, altrettanto impossibile sarà la distinzione, a causa della loro progressiva trasformazione, tra il giornaliero agrario e il proletario rurale; così, infine, sarà per l'articolazione, non ancora totalmente definitasi, tra il proletariato rurale e quello urbano.

La crescita del proletariato è un processo ascendente che, per le sue conseguenze a livello politico, costituisce una grande incognita. Infatti, in quanto il proletariato è un'entità sociale poco omogenea, sussiste la possibilità che si espandano determinate tensioni tra il proletariato rurale e i beneficiari dei processi di riforma agraria o di colonizzazione, oppure tra il proletariato e i piccoli proprietari che hanno visto rafforzarsi le loro posizioni per effetto dell'espansione del mercato interno.

4. *La ridefinizione delle classi medie.*

Mentre le classi popolari si diversificano e si rafforzano dopo il 1945, le classi medie subiscono viceversa un processo di contrazione. A livello sociale questa contrazione è la conseguenza del processo che, nel corso del decennio 1930-1940, aveva visto le classi medie vincolarsi alle classi dominanti, in virtú della promessa di incrementare i loro redditi e della possibilità di gestire una parte del potere politico. Queste condizioni furono rispettate dalla classe dominante. Anche alla fine degli anni '50, quando la stagnazione della crescita economica impediva oggettivamente le possibilità di incrementare i redditi delle classi medie, lo Stato promosse una serie di politiche inflazionistiche con il proposito di assicurare ai ceti medi la piena occupazione, attraverso l'espansione del pubblico impiego, e ritardando, mediante l'espansione dell'istruzione pubblica, l'ingresso dei giovani delle classi medie nel mercato del lavoro.

Questa politica statale, orientata a difendere i redditi delle classi medie, contribuí ad accelerare il loro processo di diversificazione. Un'indicazione indiretta di questo processo è data dall'evoluzione della pubblica istruzione. Negli anni '40 il *curriculum studiorum* del giovane della classe media è essenzialmente costituito dalla scuola primaria, dal liceo – quasi esclusivamente umanistico – e, infine, dall'ingresso nelle università nelle facoltà di legge, lettere, medicina o ingegneria. Piú dei due terzi degli studenti originari delle classi medie compiono gli studi liceali, mentre quelli delle classi popolari, in grande maggioranza, frequentano le scuole tecniche o magistrali.

Negli anni '70 le possibilità di istruzione delle classi medie sono rilevantemente aumentate: licei, istituti commerciali e tecnici; anche l'università offre una serie di nuove possibilità, rappresentate da corsi universitari di breve durata e qualificanti per il mercato del lavoro (personale paramedico, tecnici, ecc.), e da nuove facoltà, come scienze politiche, sociologia, economia, scienze, politecnici, ecc.

Questa moltiplicazione delle possibilità di istruzione, che non si comprende se non viene vista in rapporto al grado di diversificazione e di sviluppo delle economie nazionali, spesso determina la formazione di tecnici e di diplomati che, a causa della difficoltà di trovare soddisfacenti occupazioni all'interno dei loro paesi, si vedono costretti a emigrare verso altri paesi latinoamericani o negli Stati Uniti. In questo modo la crescita dell'istruzione superiore viene a costituire una valvola di scarico per ritardare l'entrata dei giovani nel mercato del lavoro e, solo parzialmente, per assicurare ai singoli paesi il ricambio del personale qualificato necessario alle loro attività economiche.

La difficoltà di trovare una soddisfacente occupazione produttiva, da parte dei giovani delle classi medie in possesso di un titolo universitario, dimostra in modo indiretto come in questo periodo la politica statale di difesa e di promozione delle classi medie sia essenzialmente orientata verso un solo settore di esse, ovvero quello collegato al settore dei servizi. Viceversa, non si rileva la presenza di una politica di promozione delle classi medie produttive (piccoli imprenditori urbani e rurali).

Il limitato sostegno dello Stato ai ceti medi produttivi si esprime nella politica statale condotta negli anni '70 a favore dei piccoli e dei medi imprenditori. Questi ultimi, infatti, avranno scarso accesso ai crediti speciali a medio e a lungo termine, e non saranno adeguatamente tutelati nei confronti del potere delle grandi imprese nazionali e straniere che controllano monopolisticamente alcuni settori produttivi.

Gli studi relativi alla distribuzione dei redditi, specialmente quelli della Comisión Económica para América Latina (Cepal), indicano come a partire dagli anni '60 si assista a una progressiva riduzione della quota di reddito nazionale che spetta alla classe media produttiva, ovvero a quel segmento che per le sue caratteristiche intrinseche potrebbe evolvere verso la borghesia. È difficile determinare fino a che punto la classe media produttiva si sia impoverita nel periodo 1945-85, ed è ancora piú difficile individuare le implicazioni reali di questo processo sociale nell'evoluzione politica.

È possibile ipotizzare, comunque, che soprattutto a partire dalla fine degli anni '50 la tensione tra la classe media produttiva e quella operante nei servizi venga ad accentuarsi, con il risultato che la classe media, diversamente da quanto avveniva nel periodo precedente, non riuscirà ad esprimere un atteggiamento univoco. Infatti, nel corso degli anni 1950-60 la classe media perde progressivamente quella caratteristica, che l'aveva qualificata nel periodo 1920-40, di essere una classe favorevole alle riforme sociali e politiche. Il risultato sarà la frantumazione della classe media in due settori, di cui uno è normalmente maggioritario, quello tendenzialmente conservatore, e l'altro, normalmente minoritario, che si radicalizza e che cerca di assumere la leadership del fronte progressista costituito con le classi popolari. Quest'ultimo segmento, che trova nelle università il proprio centro di aggregazione e che non è necessariamente vincolato ai partiti politici, incomincia a parlare di «proletarizzazione delle classi medie». Questa proletarizzazione, anche se oggettivamente è maggiore nella classe media produttiva, mobilita politicamente soprattutto la classe media improduttiva, con il risultato finale che la frammentazione della classe media si tradurrà in una definitiva riduzione del suo ruolo politico e sociale.

Quello che può apparire incomprensibile, almeno in un primo esame, è il motivo per cui le classi medie, nonostante la loro maggiore rilevanza quantitativa e gli effetti del processo di diversificazione, finiscano per avere un minore peso qualitativo nell'ambito della società complessiva. Questa ridotta importanza dipende parzialmente dall'espansione, analizzata nel paragrafo precedente, del proletariato e dei settori emarginati che, in virtú della loro consistenza, incominciano a considerare che per sostenere determinate rivendicazioni non sia piú necessaria, come nel periodo precedente, la ricerca di alleanze con le classi medie.

La progressiva separazione che si osserva, a partire dagli anni '50, tra il proletariato e la classe media deve essere valutata in relazione all'evoluzione sociale e politica di quest'ultima. Infatti, durante gli anni '40 la classe media aveva accettato l'offerta proposta dalla classe dominante, che in una certa misura serviva per riarticolare l'asse di dominazione interno e per dare vita a un'alleanza con gli interessi americani. La classe media si convertiva cosí in una classe subordinatamente funzionale al predominio dell'oligarchia e degli interessi americani, ottenendo da questa alleanza null'altro che vantaggi assai relativi. La conseguenza a livello sociale di questa situazione sarà la progressiva perdita dell'autonomia della classe media e la sua trasformazione, con la sola eccezione di alcuni segmenti, in una classe tendenzialmente moderata, timorosa di subire una pericolosa retrocessione economica e sociale.

Il timore della classe media aveva un fondamento reale. Infatti, essendo una classe essenzialmente non produttiva, e fortemente vincolata alla classe dominante e agli interessi stranieri sulla gestione dello Stato, si renderà conto che la parte del reddito nazionale di cui si può appropriare non dipende tanto da un'equa distribuzione dello stesso, quanto piuttosto dalla possibilità di assorbirne una quota di quello spettante ai settori popolari. Il risultato sarà l'affermazione dell'idea che una politica di equità ridistributiva poteva determinare la compressione delle classi medie e frenare l'espansione del settore dei servizi che, come abbiamo già detto, rappresenta il principale meccanismo di espansione di questa classe a partire dagli anni '60.

Le conseguenze della perdita di importanza della classe media a livello sociale sono particolarmente evidenti sul piano politico. Infatti, se si considera quanto avviene a Cuba dopo la rivoluzione del 1959, si osserva che i cubani che abbandonarono l'isola in ampia misura sono rappresentanti della classe media. Lo scontento della classe media, che a Cuba fu tanto forte da lasciare il paese sprovvisto del personale necessario alla continuità delle attività essenziali, è la conferma dei timori di questa parte della società di fronte ai profondi cambiamenti a livello economico e politico.

Possiamo dunque concludere che nel periodo 1945-85 si assiste alla progressiva riduzione di importanza della classe media, con il risultato che essa tenderà progressivamente a orientarsi da posizioni riformiste verso posizioni moderate.

5. *La trasformazione delle oligarchie.*

Dopo la crisi del 1929 le oligarchie latinoamericane rispondono alla sfida del contesto internazionale mediante un processo di diversificazione delle loro attività economiche. Questa diversificazione, che passa da una componente che si fonda sul controllo della terra a una componente presente anche nelle attività economiche urbane – industria, finanza, commercio, ecc. – e alleata agli interessi economici stranieri, specialmente americani, le aveva permesso di non perdere il suo precedente controllo sociale e politico.

La diversificazione delle attività economiche entro la classe dominante, tuttavia, non determinò una profonda trasformazione dell'assetto sociale complessivo poiché, nella maggior parte dei paesi latinoamericani e con la sola eccezione del Messico, la classe dominante non abbandonò il tradizionale controllo della terra. È sostanzialmente lecito pensare che l'oligarchia aveva compreso che per conservare l'egemonia sulla struttura economica urbana fosse necessario promuovere un consistente processo di accumulazione di capitale. Questo, comunque, non si poteva ottenere attraverso il semplice reinvestimento dei profitti conseguiti nelle attività urbane, ma doveva piuttosto realizzarsi attraverso l'utilizzazione dei redditi di origine agraria. Questo processo accelerato di estrazione del capitale agrario contribuisce, in ampia misura, a spiegare la crisi del settore agricolo che si è verificata a partire dagli anni '50.

Dopo il 1945 questa accumulazione di capitale, conseguita attraverso l'impoverimento del settore agricolo, inizierà a comprimersi, nel momento in cui gli investimenti americani incominceranno ad espandersi. Tale squilibrio determinerà la trasformazione dell'alleanza informale tra il capitale americano e l'oligarchia in una vera e propria subordinazione di quest'ultima all'imperialismo, con la progressiva denazionalizzazione di alcuni importanti settori produttivi.

Il fatto che l'alleanza informale si sia trasformata da un'alleanza tra eguali in una asimmetrica contribuisce a farci comprendere la scelta degli interessi americani di fare convertire l'oligarchia in borghesia, mediante l'eliminazione del suo controllo sulla struttura agraria.

Prima di analizzare questo progetto, conviene precisare che l'evoluzione che abbiamo descritto interessa il settore piú importante dell'oligarchia, mentre ne esiste anche un altro che, nonostante mantenga un rapporto di interdipendenza con il principale, riesce ad esprimere un'evoluzione diversa. Si tratta, essenzialmente, del settore dell'oligarchia che permane vincolato al semplice controllo della terra e che, nonostante questo sia l'interesse prioritario per la propria esistenza, resta indifferente di fronte alla necessità di trasformare radicalmente le strutture produttive esistenti. È difficile spiegare il motivo per cui questo settore dell'oligarchia non ha saputo modificare il tipo di gestione e di sfruttamento della struttura agraria. Una possibile spiegazione è data dal fatto che un processo di trasformazione avrebbe soppresso quelle tradizionali prerogative sociali e politiche dei membri dell'oligarchia, il loro essere *hacendados* che gli garantiva il potere di esercitare un effettivo controllo sociale e politico sulla manodopera esistente nel latifondo. In ultima analisi, potremmo dire che il latifondista preferiva un minore reddito monetario per conservare un «reddito» sociale e politico. Certamente, questa spiegazione contiene solo una parte di verità. Infatti, è necessario aggiungere che la politica economica orientata a soddisfare le classi urbane determinerà l'imposizione di prezzi politici a una serie di prodotti agricoli (mais, grano, latte, carne, ecc.), da cui deriverà, conseguentemente, un ristagno della redditività agraria. Se si analizzano gli esistenti indici di produzione agricola, si può osservare che gli unici beni agricoli in espansione sono quelli i cui prezzi non sono determinati dal governo. A questi fattori è necessario aggiungere che il processo di trasformazione progressiva del lavoratore giornaliero in proletario rurale costituisce un'importante circostanza che spinge il latifondista a riformare, per mezzo di pratiche repressive, la propria dominazione sulla manodopera.

L'oligarchia latifondista e l'oligarchia diversificata, nonostante l'apparente modernizzazione della seconda, hanno un aspetto comune, che le rende concordi almeno su un punto: non sono disponibili a favorire quelle trasformazioni nel settore agricolo che, direttamente o indirettamente, intaccherebbero la loro capacità di dominazione sociale. Ciò non significa che queste oligarchie siano contrarie a un processo di riforma agraria analogo a quelli che si attuano in America latina negli anni '60, poiché queste riforme, con la sola eccezione di Cuba, Perú e Cile, incideranno solamente sulle aree precedentemente non occupate, valorizzando indirettamente le proprietà oligarchiche.

A nostro giudizio, quello che sinora ha impedito un'adeguata comprensione del ruolo e dell'evoluzione della classe dominante in America latina nel corso degli anni 1945-85 è il fatto che di essa si sono date definizioni moralistiche e che, per comodità analitica, si è voluto distinguere l'imprenditore dal *rentier*; cosí si è preferito attribuire il primo ruolo alla borghesia e il secondo all'oligarchia, senza considerare che questi due ruoli possono indistintamente convivere in una stessa persona, o in una medesima classe sociale.

Per quanto possa sembrare strano, l'evoluzione della classe dominante nel periodo 1945-85 sembra essere stata piú negativa per il settore che aveva conosciuto una diversificazione e meno per l'altro settore. L'evoluzione economica, dalla metà degli anni '40, determinò un rapido processo di concentrazione del capitale presente nelle aree urbane. Gli studi esistenti concordano nell'affermare che il processo di concentrazione industriale conosce un ritmo molto piú rapido a partire dagli anni '50. Questo processo di concentrazione del capitale, indotto dalla crescita degli investimenti americani, determinò una certa riduzione della classe dominante diversificata che, quantunque non a livello economico, a livello sociale deteneva una rilevante importanza. Infatti, gli oligarchi liquidati dal processo di concentrazione economica non vengono esclusi dall'oligarchia in quanto, nel momento in cui soccombono nelle attività urbane, possono sempre ripiegare sul settore agricolo che non hanno mai abbandonato.

È probabilmente esaminando il caso limite, dell'oligarchia liquidata dal processo di concentrazione del capitale, che arriviamo a comprendere come sia solo apparentemente irrazionale l'attaccamento dell'oligarchia alla terra. In realtà, la terra rappresenta la base di manovra dell'oligarchia e, allo stesso tempo, costituisce anche la possibilità di garanzia per un'eventuale ritirata strategica. Cosí si può comprendere, indirettamente, l'apparente controsenso del comportamento degli industriali che, in quanto gruppo di potere, si opporranno a una riforma agraria radicale, sebbene tutte le analisi economiche segnalassero che attraverso la riforma agraria era possibile creare le condizioni per una rilevante espansione del mercato interno e, principalmente, del mercato interno dei prodotti industriali. Non si tratta allora di una logica economica che si scontra violentemente con una logica non economica: si tratta piuttosto di due logiche economiche tra loro complementari.

Tuttavia, come abbiamo già rilevato, l'oligarchia diversificata non riuscirà a evitare la progressiva subordinazione agli interessi economici americani. Questa subordinazione, che si intensifica rilevantemente negli anni '60, non sembra essere un fatto esclusivamente spontaneo, ovvero determinato dal maggior tasso di crescita degli investimenti americani rispetto a quelli dell'oligarchia: sembra piuttosto determinato dalla crescente impossibilità del capitale americano di elaborare una strategia economica unitaria, valevole contemporaneamente per sé e per l'oligarchia. Di fronte a questa situazione, gli interessi economici americani decideranno di operare autonomamente, appoggiando le riforme agrarie, nella speranza che, una volta liquidato il potere agrario dell'oligarchia, questa si sarebbe ridefinita in senso borghese.

Non è casuale, infatti, che alla fine degli anni '60 e all'inizio degli anni '70 l'oligarchia riscoprirà di avere una vocazione nazionalista, favorevole a qualsiasi progetto capace di limitare il potere economico e sociale degli interessi stranieri. Da ciò deriva che l'insoddisfazione dell'oligarchia finirà per coniugarsi con quella della classe media, facilitando l'accesso al potere dei militari portatori di un progetto razionalizzante autoritario.

La base di manovra della progressiva trasformazione dell'oligarchia sarà procurata dallo Stato che, negli anni '60, di fronte alla costante riduzione degli investimenti privati nazionali, espande i propri investimenti in moltissimi settori economici, soprattutto nell'industria di base, nell'industria estrattiva, nel settore finanziario, nei trasporti. Questa espansione del ruolo economico dello Stato permetterà all'oligarchia e, in minore misura, alla classe media di controllare le industrie statali, stabilendo una fitta articolazione con le attività industriali controllate direttamente dall'oligarchia. Attraverso questo processo, il segmento piú importante dell'oligarchia tenderà progressivamente a trasformarsi in qualche cosa di differente, piú simile alla borghesia.

La lotta dell'oligarchia per la conservazione del potere economico determina l'indebolimento del suo potere sociale e politico. Infatti, in quanto l'oligarchia deve necessariamente appoggiarsi allo Stato, finisce per perdere parzialmente il controllo che ancora esercitava negli anni '40 sull'intera struttura produttiva urbana, poiché adesso, malgrado la contrapposizione tra il proletariato e gli emarginati, non potrà avere il pieno controllo della manodopera. Inoltre, appoggiandosi allo Stato, l'oligarchia non potrà subordinare a sé, come in precedenza, la stessa classe media e, anzi, sarà costretta a pattuire con una sua parte, quella vincolata ai servizi.

Nel corso del periodo 1945-85 l'oligarchia si trasforma progressivamente, assumendo la configurazione di classe economica e abbandonando gradatamente le precedenti forme di dominazione. A partire dagli anni '70 si presenterà quale classe capace di esercitare, congiuntamente al segmento quantitativamente piú forte della classe media, quello dei servizi, una nuova egemonia sulla società complessiva. In altri termini, la perdita del potere sociale e politico dell'oligarchia annulla progressivamente le possibilità di persistenza dell'interclassismo, elemento di fondamento di tutti i progetti nazionalisti di questo periodo.

III.
Lo sviluppo industriale e la crescita economica

Come era già avvenuto in altre aree, che prima dell'America latina avevano conosciuto una rapida trasformazione, anche nel subcontinente latinoamericano l'industria è stata largamente incoraggiata e incentivata dalla convinzione che essa sia un presupposto irrinunciabile per realizzare lo sviluppo economico. Non a caso i grandi teorici della trasformazione latinoamericana hanno dato vita alla cosiddetta teoria «desarrollista» – per cui ogni cambiamento dell'assetto sociale doveva essere basato sulla capacità di sviluppare le economie nazionali in senso industriale –, che era fondata sull'esistenza di una fondamentale contrapposizione tra un settore moderno, industriale, e un altro arretrato, agricolo.

L'esperienza storica della trasformazione ci insegna che la realtà sarà assai diversa. Infatti, sebbene la crescita sostenuta della produzione industriale si appoggi sulla possibilità di espandere il mercato interno, la struttura industriale, invece, sembra svilupparsi in virtú della crescita delle esportazioni agricole e minerarie, che forniscono la valuta estera necessaria per l'espansione degli impianti. Il ruolo dello Stato e del capitale estero, principalmente nordamericano, favoriranno lo sviluppo industriale, che peraltro, almeno sino agli anni '60, rimarrà prevalentemente rivolto verso il mercato interno.

Il rallentamento della crescita industriale degli anni '60, attribuito forse un po' troppo frettolosamente all'impossibilità di sostituire ulteriormente i beni precedentemente importati, favorirà un successivo riorientamento dell'industria verso il settore delle esportazioni e una sua maggiore integrazione nel mercato internazionale.

Questa tendenza all'internazionalizzazione del settore industriale determinerà alcuni effetti positivi, non solo per la struttura e per la produzione delle industrie nazionali, ma anche per la successiva espansione del settore agricolo.

1. *Le tendenze dell'economia.*

Negli anni '40 si assiste al consolidamento della ripresa economica iniziata nel 1938 e attribuibile essenzialmente all'espansione delle esportazioni. Questa espansione delle esportazioni, che influirà favorevolmente sulla produzione industriale e in generale sui settori economici non agricoli, continuerà sino al 1950-55, quando incomincerà il periodo di stagnazione economica, che sarà particolarmente grave a partire dal 1964-65. La crisi economica mondiale degli anni '70 contribuisce a rendere drammatica la stagnazione economica che investe la maggior parte dei paesi latinoamericani.

Durante il periodo 1945-55 il tasso di crescita annuo del prodotto nazionale lordo fu del 4,7 per cento; tuttavia, poiché la popolazione crebbe con un tasso annuo del 2,7 per cento, il prodotto pro capite aumentò solo del 2 per cento annuo. Questa moderata crescita economica non sarà uniforme per tutto il periodo considerato: infatti, mentre tra il 1945 e il 1950 il tasso di crescita fu del 5,7 per cento annuo, tra il 1950 e il 1955 esso si ridusse al 4,2 per cento.

La crescita economica che si registra tra il 1945 e il 1950 è essenzialmente determinata da due fattori: l'alto livello delle esportazioni, derivato dalla ripresa dell'economia mondiale, e la disponibilità di valuta pregiata. L'alto livello delle esportazioni dipende dall'incremento delle quantità esportate e dall'incremento dei prezzi dei beni esportati. La disponibilità di valuta è il risultato della seconda guerra mondiale, che fece ristagnare le importazioni.

Verso il 1950, le economie esportatrici di prodotti dell'agricoltura temperata (Argentina e Uruguay, principalmente) incominciarono a sentire gli effetti del ricupero post-bellico europeo, che fece diminuire le esportazioni agricole dell'America latina. In altre economie, specialmente quelle esportatrici di prodotti dell'agricoltura tropicale (Cuba, ad esempio), di prodotti minerari (Cile e Perú) e di petrolio (Venezuela), la tendenza espansiva continuerà sino al 1953-55; dopodiché, anche queste ultime economie incominciano a soffrire gli effetti negativi della stagnazione dei prezzi dei prodotti esportati.

Per comprendere realmente le caratteristiche e i limiti della crescita economica verificatasi nel periodo 1945-55, possiamo riferirci alle informazioni disponibili relative alla struttura produttiva. Abbiamo già detto che mediamente il prodotto nazionale lordo si espande del 4,7 per cento annuo. Tuttavia, se osserviamo i dati disaggregati, scopriamo che mentre il settore produttivo agricolo si espande con un tasso che è appena del 3,5 per cento annuo, quello minerario aumenta con un tasso del 6,9 e quello industriale con un tasso del 5,9. Gli altri settori economici, ovvero le costruzioni, i trasporti, il commercio e la finanza, crescono con un tasso sostanzialmente analogo alla media latinoamericana.

Da queste informazioni possiamo dedurre una prima approssimazione valida per il complesso dell'America latina: il settore produttivo che non partecipa alla crescita è quello agricolo, poiché il suo tasso di crescita è quasi pari al tasso di crescita demografica. I settori dinamici per eccellenza sono invece quello minerario, fortemente vincolato al mercato internazionale, e quello industriale, essenzialmente vincolato al mercato interno.

Per meglio illustrare il dislivello tra i diversi settori produttivi possiamo osservare l'aumento della loro quota di produzione tra il 1945 e il 1955. In questi dieci anni, mentre la produzione totale aumentò del 26 per cento, la produzione agricola aumentò appena del 17 per cento, quella mineraria del 38 per cento e quella industriale del 30 per cento.

All'interno di questa tendenza, che interessa il complesso dei paesi latinoamericani, si registra un'evidente e rilevante differenza tra le economie esportatrici di prodotti dell'agricoltura temperata e le altre economie. Per mettere in evidenza queste differenze, abbiamo scelto alcune economie a titolo di esempio. Assumiamo un'economia esportatrice di beni dell'agricoltura temperata che ha già raggiunto un certo livello di industrializzazione, l'Argentina; due economie esportatrici di prodotti dell'agricoltura tropicale, di cui una con un certo grado di industrializzazione, il Brasile, e l'altra con un livello minore di industrializzazione, l'Ecuador; due economie esportatrici di prodotti minerari, di cui una con un certo livello di industrializzazione, il Messico, e l'altra con un grado ridotto di industrializzazione, il Perú.

Tra gli esempi scelti, si osserva che l'economia esportatrice di prodotti dell'agricoltura temperata, l'Argentina, è quella che registra il minor tasso di crescita (2,1 per cento annuo). Questo tasso di crescita si spiega piú con l'aumento della produzione industriale (2 per cento annuo) che con l'espansione della produzione agricola (1 per cento annuo).

Una situazione differente si registra per le economie esportatrici di prodotti dell'agricoltura tropicale, che si caratterizzano per un tasso di crescita superiore alla media latinoamericana. Quella brasiliana è del 5,7 per cento annuo e quella dell'Ecuador è del 5,6 annuo. All'interno di questo tipo di economia esportatrice è evidente che mentre in Ecuador il settore produttivo piú dinamico è quello agricolo (6,7 per cento annuo), in Brasile è piú dinamico quello industriale (9,4 per cento annuo). Indipendentemente da questa differenza profonda, il tasso di crescita del settore agricolo, sia per il Brasile sia per l'Ecuador, è superiore alla media latinoamericana.

Per le economie esportatrici di prodotti minerari, gli esempi scelti ci forniscono indicazioni divergenti perché, mentre il tasso di crescita peruviano è identico alla media latinoamericana (4,8 per cento annuo), quello messicano è notevolmente superiore (6,1 per cento annuo). Questa diversità dipende dal fatto che mentre in Messico si assiste a una crescita relativamente equilibrata – il settore agricolo cresce con un tasso quasi identico a quello industriale e a quello minerario –, in Perú si registra una forte crescita del settore minerario e un ristagno del settore agricolo.

Sulla base di questi esempi, possiamo quindi rilevare che tutte le economie latinoamericane, per la loro crescita, dipendono dall'espansione della domanda internazionale. Per il fatto che la domanda internazionale si esprime in settori produttivi differenti, a seconda del tipo di esportazioni dominanti, essa determinerà la stagnazione o la crescita del settore agricolo o minerario. Inoltre, la diversità della crescita economica sarà fortemente condizionata dal maggiore o minore peso che assumerà all'interno di queste economie il settore industriale che, come prima del 1940, produce essenzialmente i beni destinati al mercato interno, in sostituzione dei prodotti precedentemente importati.

Comunque, non ci devono impressionare gli alti tassi di crescita che si registrano nella produzione industriale dell'America latina, con la sola eccezione dell'Argentina. Infatti, il prodotto industriale, nonostante la crescita reale, ha un peso analogo al settore commerciale e finanziario (17 per cento) e un peso inferiore al settore agricolo (25 per cento) nella formazione del prodotto nazionale.

In relazione a quanto abbiamo indicato sinora, possiamo cosí sostenere che la crescita delle economie latinoamericane, nonostante il maggiore peso del settore industriale, continua a dipendere dalla quantità di beni importati che possono venire sostituiti. Ciò significa che la crescita industriale, sviluppatasi come alternativa al declino delle esportazioni, finisce per essere subordinata alla crescita delle esportazioni: infatti, quando le esportazioni incominceranno a ristagnare, dopo il 1950-55, anche la crescita industriale seguirà un'analoga sorte. Questa crescente subordinazione dell'industrializzazione è un indicatore indiretto del progressivo declino del progetto industrialista, fondato sullo sviluppo di una struttura industriale di beni di consumo e di beni intermedi che cresce essenzialmente in virtú del protezionismo.

Malgrado la novità rappresentata dallo sviluppo industriale, le caratteristiche essenziali del processo economico in questo periodo non registrano una significativa evoluzione. Se osserviamo il rapporto capitale-prodotto (la quantità di capitale necessaria per ottenere un'unità di prodotto) e la percentuale di risparmio sul prodotto nazionale lordo, rileviamo che il primo indicatore, il rapporto capitale-prodotto, rimane costante tra il 1945 e il 1950 e declina negli anni '60, mentre il secondo indicatore, la percentuale di risparmio sul prodotto nazionale lordo, è del 23 per cento nel periodo 1946-49 e appena del 19,2 per cento nel periodo 1950-54.

Questi indicatori ci evidenziano tutta la debolezza e i limiti della crescita economica del periodo 1945-55. È particolarmente importante il fatto che la quantità di risparmio generato dalla crescita economica tenda a diminuire, invece di aumentare; si può cosí comprendere come il finanziamento esterno – prestiti e investimenti –, in lenta espansione dopo il 1946, a partire dal 1955 registrerà una forte accelerazione.

Abbiamo già rilevato come l'evoluzione economica dopo il 1955 in tutta l'America latina sia caratterizzata da una generale e tendenziale stagnazione. Infatti, il tasso di crescita dell'intero subcontinente sarà del 4,3 per cento annuo tra il 1955 e il 1960, del 4,7 tra il 1960 e il 1965, del 5,7 tra il 1965 e il 1970, e del 6 tra il 1970 e il 1973. Questi tassi di crescita si riducono sensibilmente se si considera il tasso di crescita demografico, che fu del 2,5 per cento tra il 1940 e il 1950, e del 3 per cento annuo tra il 1950 e il 1970. Ne deriva che il prodotto pro capite annuo nell'ultimo decennio registra un aumento che si aggira, solamente, intorno al 2 per cento annuo.

Per comprendere il motivo per cui le economie latinoamericane dopo il 1955 non possono mantenere la crescita registrata nel periodo precedente, è necessario esaminare l'evoluzione che si verifica a livello dei diversi settori economici. Se si osserva la situazione nel quinquennio 1965-70, ci accorgiamo che, anche se il settore industriale mantiene le caratteristiche di settore dinamico (con il tasso di crescita del 7,3 per cento annuo), è il settore dei servizi che, rispetto al decennio 1945-55, registra un notevole incremento del suo tasso di crescita (dal 4,8 al 7,3 per cento annuo). Se a questa circostanza si aggiunge il fatto che il settore agricolo, anziché aumentare il suo ridotto tasso di crescita, assiste a una sua ulteriore riduzione (dal 3,5 al 2,7 per cento annuo), e che il settore minerario ristagna (4 per cento annuo), allora è possibile comprendere come la crescita economica non dipenda piú dall'incremento dei settori produttivi, ma dipenda piuttosto dalla crescita di un settore non produttivo, il settore dei servizi.

Questa tendenza all'espansione del settore dei servizi si presenta sia in quelle economie che registrano una debole crescita produttiva, sia in quelle che hanno una crescita produttiva piú forte. L'Argentina e il Cile, ad esempio, hanno una crescita produttiva inferiore a quella media latinoamericana, mentre il Brasile e il Messico hanno una crescita superiore alla media latinoamericana. In tutte queste quattro economie diversificate, risulta che la crescita dei servizi è certamente uguale o superiore alla media latinoamericana.

Anche se è impossibile stabilire con precisione le motivazioni di questa progressiva «terziarizzazione» delle economie latinoamericane, senza dubbio tali motivazioni devono essere cercate nel processo di trasformazione presente all'interno di queste economie. Infatti, se osserviamo i dati disponibili, rileviamo che la crescita del settore dei servizi non è vincolata alla crescita del settore finanziario o commerciale, quanto piuttosto a una crescita dei servizi pubblici (illuminazione, gas, trasporti). Tra il 1965 e il 1970 questi servizi registrano una crescita con un tasso annuo del 7,4 per cento, mentre i settori finanziario e commerciale hanno un tasso annuo di crescita del 5,5 per cento. Ancora una volta questa caratteristica è comune sia alle economie con crescita debole (Argentina, Cile, Uruguay) sia alle economie con maggiore capacità di crescita (Brasile e Messico).

Possiamo avere un'ulteriore prova della precaria evoluzione economica se osserviamo gli indici relativi alla produttività. Con la sola eccezione del settore industriale, che in quasi tutti i paesi latinoamericani ha una produttività superiore alla media, gli indici di produttività registrano una sostanziale debolezza, e solamente il settore dei servizi è assimilabile a quello industriale. In Argentina, ad esempio, la crescita della produttività totale fu del 2,7 per cento annuo tra il 1960 e il 1970, quella del settore industriale del 4,9 e quella dei servizi essenziali del 3,9. Il Brasile è il solo paese in cui, mentre la produttività industriale fu inferiore alla media (3,1 per cento annuo per la produttività totale, 2,1 per la produttività industriale e 2,5 per la produttività dei servizi), quella dell'agricoltura registrò un'incidenza superiore (3,5 per cento annuo).

La circostanza per cui gli indici di produttività corrispondono, grosso modo, agli indici della produzione, ci aiuta a comprendere che per il complesso dei paesi latinoamericani la produzione dipende piú dalla manodopera incorporata che dall'utilizzazione di tecnologie superiori. Tuttavia, la produzione latinoamericana per l'esportazione, nel periodo compreso tra il 1960 e il 1970, tende ad essere poco competitiva a livello internazionale, come è dimostrato dal fatto che la quota delle esportazioni latinoamericane, in rapporto alle esportazioni mondiali, si riduce, passando dal 6,7 al 4,9 per cento.

Nonostante la crescita degli investimenti stranieri durante questo periodo, che raddoppiano passando da 6,1 a 12,9 miliardi di dollari, e l'incremento degli investimenti totali (stranieri e nazionali) che aumentano del 70 per cento, è necessario rilevare che l'evoluzione strutturalmente negativa, che inizia a delinearsi a partire dal 1955, non registra sostanziali trasformazioni.

2. *Il ritardo del settore agricolo.*

Nel paragrafo precedente abbiamo rilevato che il settore economico meno dinamico è quello agricolo. Su di esso, soprattutto, si ripercuotono gli effetti del progressivo disinvestimento iniziatosi negli anni '20, che servi essenzialmente a finanziare il settore industriale e a iniziare il processo di diversificazione economica dell'oligarchia. In concreto, si trattò di un processo di ristrutturazione non capitalistica del settore agricolo, che ebbe come risultato, durante il periodo 1950-70, la stagnazione della produzione agricola. A questa crisi si sottrassero solamente quelle produzioni orientate verso l'esportazione, almeno limitatamente a quelle che riuscirono a modernizzarsi.

In termini piú generali, si può affermare che anche in questo periodo la struttura rurale latinoamericana si caratterizza per la presenza della grande proprietà, che controlla la maggior parte della terra disponibile, mentre la maggioranza della popolazione rurale sopravvive all'interno del latifondo, o entro piccole proprietà, integrando i propri redditi con il lavoro stagionale.

Le informazioni di tipo quantitativo disponibili ci permettono, almeno in una certa misura, di precisare questa immagine delle campagne latinoamericane. Negli anni '60 la grande proprietà ricopre il 37 per cento della superficie agricola in Argentina, il 60 in Brasile, l'82 in Cile, il 50 in Colombia, il 45 in Ecuador e l'80 in Perú. Questa immensa superficie di terra è dominata da circa 700 famiglie in Argentina, da 20 000 persone in Brasile, da 15 000 in Cile, da 13 000 in Colombia e da 2000 in Ecuador.

Al polo opposto, invece, troviamo i piccoli produttori e i contadini senza terra, che rappresentano il 60 per cento della popolazione rurale in Argentina, il 65 in Brasile, il 52 in Cile, il 70 in Colombia e l'86 in Ecuador. In questi cinque paesi i piccoli produttori e i contadini senza terra rappresentano un'entità di circa 20 milioni di persone, delle quali piú della metà costituiscono la manodopera necessaria alle grandi proprietà.

Questi squilibri cosí evidenti della struttura rurale sono la causa, come abbiamo già rilevato, delle nuove tensioni sociali che si sviluppano in questo periodo, essenzialmente imputabili alla forma di gestione dell'agricoltura e specialmente del latifondo. Gli economisti agrari hanno evidenziato che solo una ridotta percentuale della terra coltivabile è realmente sfruttata all'interno delle grandi proprietà (dal minimo del 2 per cento in Argentina, al massimo del 15 per cento in Guatemala). Questo squilibrio, tra la terra coltivabile disponibile e la terra effettivamente coltivata, è riscontrabile anche nelle aree agricole in cui prevale un'organizzazione piú moderna della produzione. Ne consegue che la modernizzazione dell'agricoltura, diversamente da quanto accade in altre aree del mondo, non comporta un'utilizzazione intensiva della terra. Questa scarsa utilizzazione del fattore naturale terra costituisce dunque l'elemento basilare per spiegare le tensioni che si manifestano nei paesi latinoamericani: infatti, la sottoutilizzazione della terra si traduce in una minore disponibilità alimentare, non solo per le aree rurali, ma anche per le aree urbane.

Solo se si considera la persistenza di una logica agraria precapitalistica è possibile comprendere la sottoutilizzazione del fattore produttivo terra, che in America latina non è solo una caratteristica del latifondo tradizionale, ma lo è anche della grande proprietà moderna. Il consumo di fertilizzanti ne è un buon esempio. Il loro consumo negli anni '60 è appena il 10 per cento dei consumi dell'Europa occidentale, e in Cile, il piú importante produttore mondiale di nitrati naturali, il consumo di fertilizzanti raggiunge appena il 7 per cento dei consumi del Giappone, ovvero di un paese con una superficie agricola simile a quella cilena.

Un'altra prova della persistenza di un'agricoltura non capitalistica in America latina è fornita dai prestiti erogati dall'apposita agenzia governativa brasiliana a un certo numero di grandi proprietari di piantagioni di cacao. Tra il 1957 e il 1962 furono concessi ai produttori di cacao piú di un miliardo di cruzeiros, che furono utilizzati dai beneficiari per migliorare gli impianti civili, mentre nulla fu investito per il miglioramento delle coltivazioni.

In America latina, dunque, sopravvive un tipo di agricoltura che, mediante un'utilizzazione estensiva del suolo e lo sfruttamento di tipo precapitalistico della manodopera esistente, permette al latifondista di conseguire un reddito molto elevato in rapporto agli investimenti effettuati. Quindi, in questo senso il latifondo degli anni '60 è strutturalmente molto simile a quello degli anni '20. La sola differenza consiste nel fatto che, mentre gli altri settori produttivi registrano una trasformazione qualitativa per effetto dell'espansione della domanda nazionale e internazionale, nel settore agricolo questa trasformazione non avviene. Ne deriva che, nel confronto con gli altri settori economici, il settore agricolo denuncia una sostanziale inefficienza, pur essendo fortemente efficiente per il grande proprietario, che riuscirà a conseguire profitti reali di entità uguale o superiore a quelli che otteneva negli anni '40.

La sostanza del problema agrario latinoamericano è contenuta in questa contraddizione. A causa della forma in cui è strutturata, la proprietà rurale permette al latifondista di conseguire una rendita non indifferente, senza la necessità che venga a determinarsi una nuova articolazione tra l'agricoltura e l'industria, tra il settore rurale e il settore urbano.

I soli studi disponibili sul reddito dei latifondisti sono quelli relativi alla situazione cilena. L'agricoltura cilena, considerata come una delle piú inefficienti dell'America latina, si caratterizza per il fatto che l'82 per cento della terra coltivabile è posseduta da appena 15 000 persone. Uno di questi studi analizza il reddito di venti grandi proprietari, che nel 1960 ammonta a 45 000 dollari annui; di questi, dopo aver pagato le imposte, rimangono 42 000 dollari, di cui 35 000 vengono consumati, mentre 7000 sono risparmiati. Un altro studio, sempre relativo al Cile, ci mostra che il reddito medio dei latifondisti negli anni '60 ammonta a 16 500 dollari annui, ovvero una massa monetaria ben trenta volte superiore a quella spettante ai piccoli proprietari, e quaranta volte superiore al reddito medio pro capite nazionale.

Sulla base di questi dati è possibile sostenere che l'ostilità dei latifondisti a un riequilibrio, anche solo parziale, della struttura agraria è originata da due cause: la contraddizione tra la scarsa efficienza del settore agricolo rispetto alla superiore efficienza degli altri settori economici, e gli alti redditi dei latifondisti.

Solo negli anni '60 alcuni governi latinoamericani approveranno una serie di misure modernizzatrici per il settore agricolo. Peraltro, è necessario rilevare che alla fine degli anni '50 la situazione generale era sostanzialmente simile a quella degli anni '30, essendo ancora dominante l'idea che la modernizzazione, avviata nel settore urbano, e piú particolarmente nel settore industriale, avrebbe finito per liquidare le vecchie strutture agrarie, trasformando i vecchi latifondisti in imprenditori agricoli efficienti. Questa formulazione fu elaborata dalle classi medie riformiste, ma negli anni '40 le oligarchie latinoamericane la fecero propria: in questo modo i governi si sentirono esentati dall'obbligo di elaborare una politica agraria concretamente riformatrice. Infatti, tra il 1940 e il 1960 la sola novità che esprimerà il settore agricolo sarà un processo di colonizzazione, appoggiato dallo Stato, che dovrà servire a ridurre le tensioni sociali accumulatesi nelle aree rurali e a originare nuove aree produttive. In Guatemala, ad esempio, tra il 1954 e il 1962 le terre di una ristretta area furono ripartite tra 6000 nuclei familiari. In Argentina la politica di colonizzazione promossa dal governo di Perón si concretizzò nella creazione di solo 5731 nuovi proprietari.

L'applicazione delle leggi sociali rappresenta un efficace esempio per dimostrare come i governi latinoamericani si siano disinteressati alla soluzione delle contraddizioni economiche e sociali accumulatesi nelle strutture agrarie. Queste leggi interessavano specialmente le aree urbane, e le poche leggi approvate in materia di manodopera rurale non furono mai applicate. In Brasile, ad esempio, nel 1957 i salari pagati nelle grandi proprietà erano inferiori ai salari minimi agrari stabiliti dal governo, in una percentuale oscillante tra il 3,6 e il 51 per cento. L'iniziale debolezza organizzativa dei lavoratori delle campagne, la feroce repressione dei latifondisti nei confronti dei sindacati contadini e la completa indifferenza dei governi impedirono il rispetto della legislazione sociale nelle aree rurali.

Solamente negli anni '60 la contraddizione tra l'efficienza dell'economia complessiva e gli interessi dei latifondisti diventerà un aspetto centrale del dibattito politico. Si incomincia cosí a parlare della necessità di una riforma agraria radicale, capace di ampliare il mercato dei prodotti industriali e di spezzare il crescente squilibrio tra la città e la campagna.

Tra il 1960 e il 1964 undici paesi latinoamericani (Brasile, Cile, Colombia, Costa Rica, Santo Domingo, Ecuador, Guatemala, Nicaragua, Panama, Perú e Venezuela) approvano urgentemente le leggi di riforma agraria. Si direbbe che l'esempio boliviano prima (1952) e quello cubano dopo (1959) si siano ripercossi sull'intera America latina.

Tuttavia, le riforme agrarie degli anni '60, piú che un effetto imitativo, o un'accettazione spontanea dei latifondisti di un riequilibrio complessivo della struttura agraria, sono il risultato della Alianza para el progreso, promossa dal governo americano nel 1962 per evitare il rischio che gli altri paesi latinoamericani seguissero l'esempio cubano. Gli aiuti economici concessi dalla Alianza para el progreso, tra le altre condizioni, imponevano ai paesi latinoamericani beneficiari di riformare la decrepita struttura agraria. Nel documento fondamentale della Alianza para el progreso si legge che la riforma agraria deve «sostituire il latifondo per dar vita a un sistema di proprietà piú equilibrato, in modo tale che la terra diventi, per l'uomo che la lavora, la base della sua stabilità economica, l'elemento essenziale per un progressivo benessere e la garanzia per la sua libertà e la sua dignità».

Pertanto, al fine di ottenere gli aiuti economici americani, la classe dominante dovette approvare le leggi di riforma agraria che contenevano una serie di disposizioni per eliminare e prevenire una diseguale concentrazione e l'eccessiva frammentazione della terra, per incrementare la produzione e, infine, per garantire migliori condizioni di vita ai lavoratori rurali. Tuttavia, in realtà le leggi di riforma agraria del periodo 1960-64 non diventeranno lo strumento legale capace di incidere profondamente sull'inefficiente struttura rurale, perché l'espropriazione dei latifondi finisce per essere l'eccezione, mentre l'orientamento prevalente sarà piuttosto l'espansione della colonizzazione agricola nelle terre possedute dallo Stato. Infatti le leggi di riforma agraria daranno origine a limitati progetti relativi a ridotte aree rurali, che si dimostreranno subito incapaci di alterare sostanzialmente le vecchie strutture.

L'evoluzione della riforma agraria in Colombia ci permette di comprendere pienamente i limiti di queste riforme. Tra il 1962 e il 1971 la superficie coltivabile interessata dalla riforma agraria fu di 351 000 ettari, di cui solo 44 000 furono espropriati ai latifondisti; la restante superficie era costituita da terre appartenenti precedentemente allo Stato, o da terre acquistate per l'occasione dallo Stato. Solamente 19 414 famiglie beneficiarono della riforma agraria in Colombia. I principali vantaggi furono ottenuti dai latifondisti poiché, attraverso la vendita di terre prive di rendita, in tre soli anni, ovvero tra il 1962 e il 1965, questi riuscirono a introitare più di 10 milioni di dollari.

Le varie riforme agrarie approvate tra il 1960 e il 1965 non risolsero minimamente le forti contraddizioni presenti nel settore agricolo. Piuttosto, serviranno essenzialmente alla classe dominante per accelerare il processo di trasferimento del capitale verso il settore economico urbano, che rafforzerà la tendenza, già descritta precedentemente, verso la progressiva diversificazione della base economica dell'oligarchia.

Dopo il 1965 in Perú e in Cile le riforme agrarie acquisiranno un carattere più radicale e incominceranno a colpire direttamente i latifondisti, puntando decisamente verso una ridefinizione di tipo sociale ed economico della struttura agraria.

In generale, con le sole eccezioni del Messico, di Cuba e del Perú, si può affermare che comunque all'inizio degli anni '70, nonostante le riforme agrarie, continua a permanere la contraddizione fondamentale tra l'inefficienza del settore agricolo rispetto agli altri settori e l'alto reddito dei latifondisti. La tensione città-campagna non è stata ancora risolta, anzi si è ulteriormente intensificata perché l'inefficienza produttiva del settore agricolo si è incrementata.

3. *La realtà dello sviluppo industriale.*

Nel corso del decennio 1930-40 il settore industriale si sviluppa come un settore produttivo alternativo alla tradizionale economia basata sull'esportazione. Il ritmo e le forme di crescita del settore industriale sono notevolmente condizionati dall'evoluzione delle esportazioni che forniscono le valute pregiate necessarie per ottenere i beni di capitale e le materie prime, senza i quali non è possibile sostituire i beni precedentemente importati.

L'espansione delle esportazioni e il protezionismo statale rappresentano pertanto i due principali meccanismi che, verso gli anni 1945-50, garantiscono la crescita della produzione industriale. Durante il periodo 1945-55 il prodotto industriale latinoamericano si raddoppia. Alcune economie registrano una crescita industriale superiore alla media del complesso dei paesi latinoamericani, aumentando conseguentemente la partecipazione del settore industriale sul prodotto totale. Questa evoluzione è inversa a quella del decennio seguente, 1955-65, in cui il prodotto industriale cresce molto lentamente, non registrandosi pertanto un ulteriore raddoppio della produzione. Tra il 1955 e il 1965 si assiste inoltre a una progressiva diversificazione nelle varie economie latinoamericane perché, mentre alcune registrano quasi la duplicazione del loro prodotto industriale (Brasile, Messico, Perú, Ecuador e Venezuela), per altre economie si assiste ad una stagnazione (Argentina, Cile, Uruguay).

Dall'analisi dell'evoluzione del prodotto industriale si ricava un'impressione indubbiamente positiva, nel senso che esso continua a crescere dopo il 1955; tuttavia, se questa crescita si rapporta alla crescita complessiva del prodotto nazionale, ne ricaviamo un'impressione diversa. Infatti, se osserviamo di quanto cresce la partecipazione del prodotto industriale sul prodotto nazionale, comprendiamo che la crescita dell'industria è piú apparente che reale. Tra il 1945 e il 1955 la percentuale del prodotto industriale sul prodotto nazionale lordo aumenta di appena un punto in Cile e in Messico (dal 18 al 19 per cento in Cile, e dal 20 al 21 per cento in Messico), di 2 punti in Argentina (dal 28 al 30), di 3 punti in Perú (dal 14 al 17), di 4 punti in Colombia (dall'11 al 15), di 5 punti in Uruguay (dal 15 al 20) e di 6 punti in Brasile (dal 16 al 22). Per le altre economie si registra persino una riduzione della partecipazione del settore industriale alla composizione del prodotto lordo, come nel caso del Venezuela e dell'Ecuador, in cui la quota del prodotto industriale si riduce di 2 punti (dal 12 al 10 per cento in Venezuela, e dal 17 al 15 in Ecuador).

L'evoluzione del prodotto industriale, misurata attraverso la sua incidenza nella composizione del prodotto lordo nazionale, è meno rilevante nel decennio 1955-65, quando aumenta il numero delle economie nelle quali la partecipazione del prodotto industriale alla composizione del prodotto nazionale si riduce. Al Venezuela e all'Ecuador si aggiungono ora il Cile, in cui si registra una riduzione di 2 punti (dal 19 al 17 per cento), e l'Uruguay in cui l'incidenza del settore industriale registra una stasi (20 per cento). Le sole economie in cui aumenta il peso del settore industriale sono quella brasiliana (dal 22 al 29 per cento) e quella messicana (dal 21 al 23 per cento).

Si può rilevare che alla fine degli anni '60 solamente in tre paesi il settore industriale ha una certa consistenza, un'incidenza superiore al 20 per cento sul prodotto lordo nazionale: l'Argentina, il Brasile e il Messico. Nelle altre economie l'incidenza del settore industriale non è determinante nella formazione del prodotto lordo nazionale.

La decelerazione, e la successiva stagnazione, del ruolo del settore industriale nei confronti dell'economia complessiva è il risultato del progressivo esaurimento della caratteristica basilare della crescita economica: la sostituzione delle importazioni. Alla fine degli anni '60 tutti i beni di consumo e intermedi che le economie latinoamericane importavano furono quasi totalmente sostituiti. Questa sostituzione tuttavia, anche nei paesi con una struttura industriale relativamente forte, come l'Argentina, il Brasile e il Messico, non determinò una crescita dell'industria dei beni di capitale, né una produzione industriale capace di essere concorrenziale nel mercato internazionale.

Alcune caratteristiche delle strutture industriali latinoamericane ci permettono di comprendere le ragioni di questa incapacità sostanziale. Nel 1960 il prodotto industriale dei principali paesi latinoamericani fu di 47 miliardi di dollari, di cui il 55 per cento (25 miliardi) fu prodotto da industrie di tipo tradizionale (alimentari, mobili, tabacco, bevande, ecc.), e solamente il 45 per cento (21 miliardi) da industrie dinamiche (chimica, metallurgia, ecc.). Inoltre, osserviamo che solo il 6,5 per cento della produzione industriale complessiva (3 miliardi di dollari) è costituita da beni di capitale, mentre il 53 per cento della stessa (24 miliardi di dollari) è rappresentata da beni di consumo non durevoli.

Sulla base di questi dati, possiamo affermare che il settore industriale latinoamericano è un settore produttivo scarsamente qualificato, utilizza una tecnologia molto elementare e può prosperare solo in virtú di una politica protezionista e di incentivi, diretti o indiretti, dello Stato. Questo è confermato dal fatto che, sempre nel 1960, solamente il 7 per cento della produzione industriale complessiva (3,3 miliardi di dollari) trova una collocazione nei mercati stranieri, mentre il 93 per cento è consumato all'interno dei singoli paesi produttori.

Queste caratteristiche del settore industriale dovrebbero essere imputate alla forte frammentazione della sua struttura e alla ridotta dimensione delle imprese. Dai dati industriali disponibili tra il 1955 e il 1965 si delinea una situazione diversa: nel 1960, su una produzione complessiva di 47 miliardi di dollari, il 76 per cento (36 miliardi) è generato da grandi unità produttive, il 21 per cento (10 miliardi) da medie imprese, e solamente il 3 per cento (1 miliardo) da piccole industrie. Gli studi indicano con sufficiente chiarezza come il coefficiente di concentrazione del capitale industriale sia quasi identico a quello della struttura industriale americana. Questo fenomeno di forte concentrazione, relativamente alla produzione industriale piú qualificata, è ancora piú evidente se consideriamo che le grandi unità produttive sono quelle che producono il 90 per cento dei beni industriali piú qualificati e controllano il 66 per cento della produzione industriale esportata.

La forte concentrazione dei fattori produttivi determina un'azione di freno per l'intera struttura industriale, in quanto impedisce alle medie e alle piccole industrie di avere concrete possibilità di crescita, collocandole in un ruolo fortemente subordinato rispetto alla posizione monopsonica delle grandi imprese.

Il ristagno qualitativo del settore industriale, che interessa la maggior parte dei paesi latinoamericani, e la lenta crescita industriale, che interessa solamente tre economie (Argentina, Messico e Brasile), si spiegano con il fatto che il settore industriale, sin dalla sua nascita, è sempre stato contraddistinto dalla posizione di dominio delle grandi unità produttive. Questa situazione deriva dalla circostanza per cui il processo di crescita industriale dipende dalla creazione dell'industria di Stato e dal controllo che esercitano le oligarchie e gli interessi stranieri sul processo di accumulazione del capitale.

Per quanto riguarda il primo elemento, la creazione delle industrie statali, abbiamo visto come lo Stato, lungo tutto questo periodo, espande il proprio ruolo di imprenditore industriale, specialmente nell'industria dei beni di capitale, cosí come espande il sostegno all'industria privata con il credito sovvenzionato. Dopo il 1955, il ruolo dello Stato si estende specialmente nel secondo settore, potenziando le agenzie governative esistenti e creandone altre nuove allo scopo di sottoscrivere nuovo capitale o di concedere crediti sovvenzionati alle imprese industriali.

Verso la fine degli anni '60 l'industria di Stato ha ormai un ruolo decisivo nella crescita industriale. Infatti, sebbene l'industria statale in Argentina e in Brasile rappresenti appena l'1 e il 6 per cento, rispettivamente, della produzione complessiva, in Argentina controlla il 60 per cento della produzione di acciaio, mentre in Brasile controlla l'85 per cento dell'industria chimica di base e il 45 per cento della produzione di acciaio. La situazione non è molto diversa in altri paesi in cui l'industria di Stato controlla quasi completamente il settore siderurgico e parzialmente le industrie derivate dal petrolio. Inoltre, la partecipazione dello Stato – spesso come socio minoritario – in una serie di imprese, ne fa un elemento determinante per lo sviluppo della petrolchimica in Argentina; della petrolchimica e della gomma in Brasile; della produzione di bevande alcoliche, di fertilizzanti e tessili in Colombia; del settore tessile, zuccheriero e del cemento in Cile; della produzione del cemento, bevande alcoliche e caseari in Ecuador; di cemento, zucchero, petrolchimica e fertilizzanti in Messico; e, infine, del tabacco, cemento e fertilizzanti in Perú.

Dal complesso di queste notizie si può dedurre che le industrie di Stato si sono orientate verso alcune attività industriali fondamentali, ad esempio la siderurgia, che richiedono forti investimenti di capitale e che presentano rischi abbastanza alti da disincentivare gli investimenti privati. In questo senso, dunque, l'industria di Stato non nasce e non si sviluppa in modo concorrenziale al settore industriale privato. Serve piuttosto a facilitare le esigenze di crescita del settore industriale, quando l'industria privata non è interessata ad assumersi questo compito.

La maggiore partecipazione dello Stato allo sviluppo di nuove attività industriali, oltre a rafforzare il potere della classe dominante che aveva dato inizio al processo di crescita industriale, determinò la crescente utilizzazione delle entrate fiscali. Fino al 1950, la maggior parte del finanziamento delle industrie statali era ottenuto attraverso le entrate ordinarie dello Stato, ricorrendo al mercato dei capitali interno. Dopo il 1950, ovvero quando la percentuale di risparmio sul prodotto nazionale lordo tende a diminuire, i governi ricorreranno al credito estero a lunga scadenza, concesso dagli organismi internazionali, e al credito estero a breve e a media scadenza, concesso dalle banche straniere, principalmente americane. Tra il 1950 e il 1965 piú di 1,5 miliardi di dollari furono ottenuti dall'estero per finanziare le industrie di Stato e per sovvenzionare le industrie private nazionali e straniere.

È interessante notare che questo ricorso al credito estero per lo sviluppo industriale era assai limitato prima del 1950 (tra il 1940 e il 1949 il finanziamento estero fu appena di 6,5 milioni di dollari annui), mentre si espanderà in modo molto rapido tra il 1960 e il 1970 (con un flusso annuo di 200 milioni di dollari).

Il ricorso al finanziamento esterno non deve essere visto solo come un indicatore dell'incapacità delle entrate statali e del mercato monetario interno di assicurare la crescita dell'industria di Stato, ma anche come indicatore della necessità di ottenere dall'estero le tecnologie che le economie latinoamericane non riuscivano a sviluppare. Questa circostanza, necessariamente, condurrà le industrie di Stato, e soprattutto quelle che richiedono maggiori tecnologie avanzate, a dipendere sempre piú dalla tecnologia estera.

Questo crescente ricorso al finanziamento esterno dopo il 1950, necessario per la crescita delle industrie di Stato, avrà come risultato la progressiva subordinazione alla tecnologia dei paesi creditori. Infatti, soprattutto i crediti americani erano vincolati dall'obbligo di acquistare beni e servizi dagli Stati Uniti, con il risultato che se prima del 1950 l'industria statale aveva un ruolo di appoggio dell'industria privata, dopo questa data essa finisce per essere subordinata anche dall'estero.

L'evoluzione dell'industria statale non è molto diversa da quella dell'industria privata che, come è già stato detto, per la sua crescita dipenderà dalle possibilità dell'oligarchia di investire, direttamente o indirettamente, una parte della rendita agricola. Fino al 1940 il settore industriale nelle mani dei privati è controllato per l'80 per cento dal capitale appartenente all'oligarchia. Dopo il 1940 si assiste a un rapido incremento degli investimenti americani in questo settore produttivo, che sostanzialmente continuerà sino al 1955. Nel 1940 i capitali americani presenti nella struttura industriale latinoamericana assommavano a 221 milioni di dollari; saranno già 390 milioni nel 1946, 800 milioni nel 1950 e 1,5 miliardi nel 1955. Il tasso di crescita degli investimenti americani in questo settore è superiore di due volte al tasso di crescita del prodotto industriale per il periodo 1946-55.

Questi dati esprimono un fatto piuttosto evidente: la rapidità con cui si espandono gli investimenti americani nel settore industriale determinerà la progressiva de-nazionalizzazione di una parte di questo settore, quella piú avanzata tecnologicamente o piú presente nel mercato. In questo periodo si assiste alla progressiva collusione, nel settore industriale, tra il capitale americano e il capitale nazionale, che taluni studi hanno spiegato con l'acquisto da parte del capitale americano di quote di maggioranza o di minoranza di società industriali controllate inizialmente dal capitale nazionale e l'opzione, da parte del capitale nazionale, di acquistare quote di minoranza nelle società industriali dirette dal capitale americano.

Questa collusione tra il capitale straniero e il capitale nazionale nel settore industriale continua anche dopo il 1955, sebbene con un ritmo piú lento, perché gli investimenti americani registrano una costante espansione in questo settore produttivo. Tra il 1965 e il 1970 gli investimenti americani accumulati nel settore industriale aumentano da 1,4 miliardi a 3,8 miliardi di dollari, ovvero con un tasso simile a quello del prodotto industriale (7,5 per cento annuo).

Ne consegue la rapida penetrazione del capitale straniero, e soprattutto americano, nel settore industriale: infatti, nel 1966 il 30 per cento della produzione industriale risulta essere controllata dal capitale americano. In quanto la produzione industriale rappresenta circa un quarto della produzione complessiva latinoamericana, il capitale americano presente nell'industria controlla pertanto il 7,5 per cento della produzione totale.

Un certo numero di studi ha anche messo in evidenza la presenza di forme di controllo indiretto da parte del capitale straniero sulla struttura industriale latinoamericana: le società americane possono controllare le società industriali nazionali senza investire alcun capitale per mezzo della concessione della licenza industriale.

Cosí il settore industriale negli anni '70 finisce per perdere le due caratteristiche fondamentali degli anni '40: una maggiore dinamicità rispetto agli altri settori economici e una relativa autonomia dal capitale americano.

4. *I limiti della crescita industriale.*

Nei paragrafi precedenti abbiamo trattato i settori produttivi che erano principalmente orientati a soddisfare le necessità del mercato interno.

Congiuntamente a questi settori produttivi ne esistono altri, orientati a soddisfare la domanda internazionale. I settori in questione sono essenzialmente due: l'agricoltura di esportazione e le miniere. L'evoluzione di questi due settori ci indica la continuità delle strutture economiche latinoamericane, in quanto anche dopo il 1948 è il settore produttivo per l'esportazione che, insieme al settore industriale, rappresenta il maggiore tasso di crescita, ed è quello che procura alle economie latinoamericane le divise necessarie per l'espansione dei settori produttivi orientati verso il mercato interno.

Tuttavia, l'evoluzione di questi due settori di produzione per l'esportazione non ha uguali caratteristiche. L'evoluzione del settore agricolo, relativamente ai prodotti maggiormente richiesti dal mercato internazionale (carne bovina, cotone, lana, zucchero e tabacco), provenienti soprattutto dall'Argentina, Uruguay, Brasile, Perú e Messico, indicano una lenta crescita: tra il 1945 e il 1955 la produzione di questi beni aumentò del 25 per cento, e tra il 1955 e il 1965 di circa il 20 per cento. Entro questo gruppo di prodotti agricoli per l'esportazione, quello che cresce piú lentamente è il tabacco, mentre la carne bovina cresce piú rapidamente.

Una crescita piú rapida si registra per i prodotti agricoli esportati dalle aree tropicali (caffè, zucchero, tabacco, bovini, cacao e banane), che interessano essenzialmente l'economia brasiliana, colombiana, ecuadoriana, dell'America centrale e delle Antille. Il volume di produzione di questi beni aumentò circa del 50 per cento tra il 1945 e il 1955, e di circa il 40 per cento tra il 1955 e il 1965. Anche per questo gruppo di beni la crescita favorí alcuni prodotti (come le banane e lo zucchero) invece di altri (come il cacao).

Nonostante la crescita produttiva, il settore agricolo per l'esportazione, in confronto al periodo 1929-45, registra una decelerazione. Questa tendenza ci sembra determinata non tanto dall'incremento della produzione agricola in altre aree del mondo (Stati Uniti, Canada ed Europa occidentale, per i prodotti dell'agricoltura temperata; e Africa per i prodotti dell'agricoltura tropicale), mentre piuttosto è il risultato della decadenza generalizzata dell'intero settore agricolo.

Una situazione apparentemente diversa la troviamo nella produzione dei beni minerari. Le principali esportazioni minerarie sono rappresentate dal rame (Cile, Messico, Perú), dal piombo (Messico e Perú), dallo stagno (Bolivia), dallo zinco (Messico e Perú) e dal petrolio (Messico e Venezuela). L'incremento della produzione di rame in Cile e in Perú, o quella del petrolio in Venezuela, coincide con una sostanziale stasi della produzione di stagno in Bolivia o con quella del piombo in Messico e in Perú. Se si considerano nella loro totalità i prodotti minerari di esportazione, si rileva una crescita che è certamente inferiore a quella della domanda internazionale di questi prodotti per il periodo compreso tra il 1945 e il 1965.

Se si osserva l'evoluzione dei prodotti minerari e agricoli destinati all'esportazione, si ha anche l'impressione che il loro ruolo nella crescita economica generale si sia ridotto dopo il 1945. Potremmo domandarci in quale misura questo fenomeno sia dipendente, da una parte, dall'attenzione preferenziale accordata allo sviluppo industriale e al quasi completo disinteresse per il settore agricolo e, dall'altra, dalla situazione di rapporto asimmetrico che caratterizza il commercio internazionale in questo periodo, privilegiando i paesi industrializzati.

Nel paragrafo precedente abbiamo già rilevato che l'industria, indipendentemente dal suo tasso di crescita piú dinamico, non seppe trasformarsi in un settore produttivo alternativo o complementare al settore agricolo o minerario sul piano del commercio con l'estero. Di tutti i paesi latinoamericani, il Brasile sarà il solo, a partire dal 1968-70, a diventare un paese capace di esportare quantità limitate di prodotti industriali, mentre le altre economie, come quelle argentina e messicana, e in modo particolare la prima, non riuscirono a trasformare la struttura del loro commercio estero.

Pertanto, almeno in una certa misura, sarà nello stesso modello di sviluppo industriale affermatosi nelle economie latinoamericane che si potrà spiegare la decelerazione della produzione agricola e mineraria per l'esportazione. Se si osservano i dati disponibili, si nota che la quota dei prodotti latinoamericani nel commercio internazionale tende a ridursi: nel 1948 le esportazioni latinoamericane rappresentano il 12 per cento delle esportazioni mondiali, nel 1958 il 7,6 e nel 1970 il 4,9. Tra il 1948 e il 1965, mentre le esportazioni mondiali aumentano del 150 per cento, quelle latinoamericane registrano solo un incremento del 30 per cento.

Questi valori globali, che illustrano la progressiva disarticolazione delle economie latinoamericane dall'economia internazionale, non ci permettono di comprendere esattamente come le diverse economie furono singolarmente colpite dal fenomeno. Per comodità, ci limiteremo a indicare l'evoluzione del volume delle esportazioni tra il 1955 e il 1960, ovvero nel periodo in cui le esportazioni complessive dell'America latina aumentarono del 29 per cento. Tra le dieci economie latinoamericane di cui disponiamo di sufficienti dati, si rileva che per due di esse il volume delle esportazioni diminuí (del 30 per cento per la Bolivia e del 22 per cento per l'Uruguay); per quattro economie il volume delle esportazioni aumentò in misura minore della media latinoamericana (Brasile del 19 per cento, Cile del 15 per cento, Colombia del 9 per cento e Paraguay del 24 per cento); per l'Argentina la crescita fu quasi uguale a quella della media latinoamericana (31 per cento); per tre economie, infine, la crescita fu superiore alla media (Ecuador del 50 per cento, Perú del 90 per cento e Venezuela del 40 per cento).

Risulta cosí evidente che, nonostante la differenza tra le economie esportatrici di prodotti agricoli e le economie esportatrici di prodotti minerari, il fenomeno di ristagno delle esportazioni colpirà sia le une sia le altre, e analogamente avverrà in quelle economie in cui si affermò una chiara preferenza per lo sviluppo industriale (Argentina, Brasile e Cile, per esempio).

Questa evoluzione negativa delle esportazioni non è solo l'effetto parziale di una politica orientata a promuovere lo sviluppo industriale, ma il suo fondamento deve essere individuato nell'asimmetria presente nel commercio internazionale. Infatti, mentre sino al 1955 all'incremento del volume delle esportazioni corrisponde un incremento inferiore dei loro valori unitari, dopo questa data e sino agli inizi del decennio 1970-80, l'evoluzione si biforca, ovvero mentre aumenta la quantità esportata si riduce il valore di ciascuna unità di prodotto esportata. Questo, per le economie latinoamericane, significa che i prezzi internazionali delle materie prime e dei prodotti agricoli dopo il 1955 sono diventati poco remunerativi.

I prezzi dei prodotti agricoli esportati dall'America latina sono decrescenti dopo il 1955 per zucchero, banane, caffè, cacao, cotone e lana; sono invece stabili per la carne, il grano e i pellami. Un'evoluzione simile si osserva relativamente ai prodotti minerari, in quanto i prezzi del rame, dello zinco e del piombo diminuiscono, mentre quelli dello stagno e del petrolio non aumentano.

Se si confronta l'evoluzione volume esportato - prezzo per unità esportata, si può comprendere come la crescita delle quantità sia solo servita a compensare la caduta del potere di acquisto delle esportazioni. In altri termini, l'aumento del valore delle merci esportate non arriva a compensare la maggiore crescita che registra il valore delle merci di origine industriale importate.

Uno studio della Comisión Económica para América Latina ci indica come tra il 1945 e il 1960 sussista una stretta correlazione tra la crescita economica e la crescita delle esportazioni. Le economie che hanno registrato un aumento del tasso di crescita delle esportazioni (ad esempio il Messico e il Venezuela) hanno anche registrato un aumento del tasso di crescita del prodotto nazionale. Questa correlazione indica che, indipendentemente dalla crescita dei settori produttivi vincolati quasi esclusivamente al mercato interno, il legame tra le economie latinoamericane e l'economia internazionale costituisce un elemento fondamentale per la crescita delle prime.

Per comprendere questo fenomeno di interdipendenza tra l'economia latinoamericana e l'economia internazionale è necessario perciò osservare le conseguenze che l'evoluzione negativa delle esportazioni implica sul commercio di importazione. Dopo il 1948 si assiste alla progressiva riduzione della partecipazione dell'America latina alle importazioni mondiali: nel 1948 l'America latina assorbiva il 10,6 per cento delle importazioni mondiali, nel 1960 il 6,1 e nel 1970 il 5. Si constata cosí una stretta relazione tra la diminuzione della partecipazione dell'America latina al commercio di esportazione e la sua diminuita partecipazione al commercio di importazione.

Questa progressiva riduzione nella partecipazione al commercio mondiale è in rapporto alla circostanza per cui l'evoluzione dei prezzi dei prodotti industriali è inversamente proporzionale alla diminuzione dei prezzi dei prodotti agricoli e minerari esportati: mentre l'indice dell'unità di valore delle esportazioni diminuisce del 14 per cento tra il 1955 e il 1960, l'indice dell'unità di valore delle importazioni latinoamericane aumenta del 2 per cento nello stesso periodo. Questo significa che, mentre una unità di merce latinoamericana si deprezza, una unità di merce importata dall'Europa o dagli Stati Uniti è aumentata di valore.

Questo fenomeno, noto come «deterioramento delle ragioni di scambio», che si esprime in forma variabile a seconda delle diverse economie latinoamericane, determina la riduzione delle possibilità di acquistare le merci europee e americane necessarie per realizzare un salto qualitativo nello sviluppo industriale. L'Argentina, ad esempio, vede ridursi la propria capacità di importazione del 5,5 per cento tra il 1948 e il 1963, il Brasile del 2,4, il Messico del 3,6, mentre per il complesso delle economie latinoamericane la riduzione delle capacità di importazione sarà del 2 per cento.

Da questi dati è possibile dedurre che le economie maggiormente colpite dalla riduzione della capacità di importazione dopo il 1955 furono quelle con un maggiore grado di industrializzazione, con il risultato che la lenta crescita delle esportazioni e il deterioramento dei termini di scambio finirono per bloccare lo sviluppo industriale in generale, e quello dei beni di capitale in particolare.

Una situazione simile si riscontra anche in quelle economie che nel 1955 non avevano ancora esaurito la fase di sostituzione dei beni importati. Per queste economie, come quelle dell'Ecuador e del Perú, le risorse generate dalla rapida espansione delle esportazioni furono parzialmente assorbite dall'aumento dei prezzi industriali, determinando una decelerazione, non solo delle importazioni dei beni di capitale, ma anche di quelli di consumo e intermedi non prodotti dall'industria nazionale.

Quindi, è evidente che le contraddizioni emerse durante l'intero periodo 1945-70 finirono per colpire, non solo quantitativamente ma anche qualitativamente, il settore produttivo caratterizzato da un'alta redditività, ovvero il commercio con l'estero che, dopo il 1955, doveva procurare i mezzi necessari per la trasformazione qualitativa delle strutture economiche. In quanto il commercio di esportazione non potrà sostenere la crescita industriale, finirà per condannare l'industria alla stagnazione e, a causa della maggiore asimmetria del commercio internazionale, tenderà a determinare una progressiva riduzione della sua redditività.

Negli anni '60, sotto gli effetti di questo duplice fenomeno, i diversi governi latinoamericani si porranno il problema di riuscire ad evitare la caduta della produzione industriale e la riduzione delle esportazioni. La risposta fu individuata nell'integrazione economica dell'America latina, che avrebbe condotto alla creazione di mercati comuni. Ebbero cosí origine la Asociación de Libre Cambio (Alalc) nel 1961, il Mercado Común Centroamericano nel 1960 e il Pacto Andino nel 1964.

Questi diversi e poco studiati processi di integrazione con differenti strumenti cercarono di incrementare il commercio tra i paesi latinoamericani, con lo scopo di contrastare la tendenza recessiva che abbiamo esaminato nelle pagine precedenti. Cercarono altresí di creare mercati sufficientemente ampi per dare origine alle condizioni necessarie per garantire un'economia di scala e per ridurre i costi della produzione industriale.

Pertanto, questa integrazione economica è essenzialmente un'integrazione commerciale, che riflette la situazione decisamente negativa in cui si dibattono i paesi latinoamericani durante gli anni '60 e agli inizi degli anni '70.

L'evoluzione negativa del commercio estero latinoamericano ha anche un'altra dimensione, sulla quale non ci siamo ancora soffermati. Tra il 1945 e il 1960 il valore delle esportazioni latinoamericane passa da 7 a 10,9 miliardi di dollari, mentre il valore delle importazioni latinoamericane passa da

5,1 a 8,5 miliardi di dollari. Nello stesso periodo il deterioramento dei termini di scambio determinò un deprezzamento delle esportazioni stimato in 2,6 miliardi di dollari, con il risultato che le importazioni incominciarono ad essere fortemente influenzate dalle linee di credito concesse dall'Europa e, soprattutto, dagli Stati Uniti. Se si osserva la provenienza delle merci importate dall'America latina, si rileva che la percentuale di provenienza americana oscilla tra il 45 e il 50 per cento, mentre le merci importate da altri paesi latinoamericani non superano nemmeno il 10 per cento delle importazioni totali.

Questa dipendenza del commercio estero latinoamericano da quello statunitense ci indica che l'economia americana è quella che ottiene i maggiori benefici dal rapporto asimmetrico che si stabilisce tra l'economia latinoamericana e quella internazionale, e ci aiuta a comprendere il fenomeno della de-nazionalizzazione dell'industria analizzato nel paragrafo precedente. Infatti, per limitare gli effetti negativi originati dal commercio estero, era necessario ricorrere ai crediti esterni e autorizzare le società straniere a costituire succursali o ad associarsi a imprese nazionali.

Lo squilibrio dell'ordine commerciale, specialmente dopo il 1945, si traduce in un progressivo deterioramento della bilancia dei pagamenti. Tra il 1945 e il 1960 la bilancia commerciale registra un rilevante deterioramento: tra il 1946-50 e il 1956-60, mentre le esportazioni di beni e di servizi aumentano da 6,5 a 10,2 miliardi di dollari annui, le importazioni aumentano da 5,9 a 10,1 miliardi di dollari annui. Questo ci indica che la crescita delle importazioni latinoamericane tende sempre di piú a dipendere dai crediti ottenuti dall'estero. Il valore delle esportazioni non riuscirà da solo, come invece avveniva nel passato, a coprire sia il valore delle merci importate sia gli interessi del debito estero e i redditi esportati dalle imprese straniere. Infatti, tra il 1946-50 e il 1956-60 le voci della bilancia dei pagamenti che crescono piú rapidamente sono quelle relative alla remunerazione del capitale straniero (che passa da 0,7 a 1,2 miliardi di dollari). Il deficit della bilancia dei pagamenti aumenta: 129 milioni di dollari annui nel periodo 1946-50, 665 milioni di dollari annui nel 1951-55, 1,148 miliardi di dollari annui nel 1956-60 e, infine, 2,034 miliardi di dollari annui nel periodo 1961-65.

Il crescente deficit della bilancia dei pagamenti, che interessa in maggiore o in minore misura tutti i paesi latinoamericani, ha un importantissimo ruolo soprattutto dopo il 1955, ovvero quando concretamente tutti i settori economici incominciano a registrare una stagnazione. Per superare questa difficoltà, le diverse economie dovettero ricorrere ai prestiti dall'estero e incentivare, con tutte le misure fiscali a loro disposizione, gli investimenti diretti stranieri.

Per quanto si riferisce al debito esterno, osserviamo che il flusso annuo di quello a medio e a lungo termine aumenta da 15 a 158 milioni di dollari tra il 1946-50 e il 1956-60, mentre quello a breve termine, destinato soprattutto a supplire la mancanza di divise per i pagamenti all'estero del settore commerciale, fu mediamente di 150 milioni di dollari annui tra il 1951 e il 1956. Questo enorme incremento del debito estero dei paesi latinoamericani significherà un'accentuazione della dipendenza dell'America latina sul piano finanziario. Tra il 1950 e il 1967 nelle economie latinoamericane, per prestiti a breve, a medio e a lungo termine, entrarono 31,7 miliardi di dollari e, nello stesso periodo, furono ammortizzati 21,8 miliardi di dollari e furono pagati 5,7 miliardi di dollari di interessi. Per ciascuna unità di dollaro ottenuta in prestito, ne venivano restituiti 80 centesimi per coprire i prestiti precedenti, e solamente 20 centesimi venivano incorporati nelle economie latinoamericane sotto forma di merci e di servizi.

Se si escludono i prestiti a breve, medio e lungo termine, che furono utilizzati essenzialmente per colmare il deficit della bilancia dei pagamenti, i nuovi capitali che si aggiungono a quelli già esistenti nei paesi latinoamericani sono costituiti sostanzialmente dagli investimenti diretti delle imprese straniere, principalmente americane, senza i quali sicuramente le economie di questi paesi si sarebbero paralizzate. Tra il 1946-50 e il 1956-60 gli investimenti diretti aumentano da 0,84 a 1,352 miliardi di dollari annui, incrementando rilevantemente la presenza del capitale straniero nei diversi settori economici.

L'evoluzione della bilancia dei pagamenti, oltre a indicarci il grave deterioramento economico dell'America latina a partire dal 1955, essendo carenti le informazioni dirette, contribuisce a farci comprendere le trasformazioni che si stanno verificando nei settori finanziari e commerciali.

A partire dal 1955 i due settori non produttivi in cui gli investimenti stranieri si espandono fortemente sono quello relativo alla distribuzione commerciale e quello del settore finanziario. Per quanto riguarda il primo – la distribuzione commerciale –, la sua rilevanza negli investimenti diretti totali aumenta dal 7,1 per cento all'11,6, passando da 0,431 a 1,438 miliardi di dollari. Comunque, un'espansione ancora piú rilevante degli investimenti americani si registra nel secondo settore – quello finanziario – con un incremento da 244 a 290 milioni di dollari. Questo progressivo aumento della presenza del capitale americano nel settore commerciale e nel settore finanziario ci indica fino a quale livello, dopo il 1955, si sia generalizzata l'espansione americana all'interno dei settori economici latinoamericani, e contribuisce a farci comprendere le circostanze che spinsero il capitale industriale nazionale ad associarsi al capitale straniero.

IV.

La politica e i sistemi politici

Il processo di trasformazione delle società latinoamericane non può essere compreso se non viene collocato in costante interazione con il processo politico. Da ciò deriva la necessità di analizzarlo partendo dalle tendenze di fondo che vengono espresse dai sistemi politici, che a nostro avviso sono essenzialmente due: quella neopopulista e quella neoconservatrice. Entrambe le tendenze emergono come conseguenza della crisi del populismo, ovvero del progetto che aveva dominato la politica dei paesi latinoamericani tra gli anni '20 e gli anni '40.

Sulla base di queste tendenze di fondo, abbiamo organizzato l'esposizione delle soluzioni politiche che si sono concretizzate in America latina dopo il 1945 seguendo un ordine logico, secondo le esperienze verificatesi storicamente in ciascun paese. Pertanto, abbiamo esaminato in primo luogo il caso di Cuba, collocando nella parte finale del capitolo la situazione dell'Argentina e del Brasile. Infatti, Cuba da una parte, e l'Argentina e il Brasile dall'altra, rappresentano le soluzioni antitetiche ed estreme alla crisi del precedente populismo. Nel primo caso la rottura dell'ordine populista si tradurrà in un progetto politico rivoluzionario in senso socialista. Nel secondo caso, invece, in Argentina e in Brasile, lo sbocco si concretizzerà nell'instaurazione di un nuovo ordine di tipo autoritario.

I paesi centroamericani, con la sola eccezione del Costa Rica, presentano situazioni politiche che non possono essere rigidamente inquadrate entro una tendenza definita. Infatti, in questi paesi sono possibili tutte le soluzioni, da quelle piú progressiste, riformiste o neopopuliste, a quelle piú conservatrici, autoritarie o dittatoriali.

Al centro della nostra esposizione della situazione politica abbiamo collocato un primo gruppo di paesi, il Venezuela, la Colombia e il Messico, che al di là delle differenze che li contraddistinguono, costituiscono validi esempi di una certa continuità tra la precedente forma populista e la nuova forma che assumono i sistemi politici dopo il 1945.

Infine, un altro gruppo di paesi, la Bolivia, il Perú e il Cile, che ci permettono di valutare i possibili sviluppi delle esperienze neopopuliste, indipendentemente dalle specificità nazionali rappresentate da una rivoluzione, nel caso della Bolivia, dal potere dei militari, nel caso del Perú, e dalla presenza della democrazia cristiana e da Unidad Popular, nel caso del Cile.

1. *I progetti di rinnovamento.*

Nei precedenti capitoli, dedicati all'esame dei problemi economici e sociali dell'America latina, abbiamo sottolineato l'importanza avuta, a partire dagli anni successivi alla seconda guerra mondiale e almeno sino alla metà degli anni '70, da quella particolare concezione definita «desarrollismo», ovvero una particolare forma dell'ideologia dello sviluppo.

Il «desarrollismo» ha origine dalle trasformazioni concrete che si verificano nell'economia latinoamericana dopo il 1945, che si manifestano soprattutto nella crescente industrializzazione e urbanizzazione – tendenze pressoché presenti in tutti i paesi del continente –, che impongono un progetto politico di rinnovamento. In questo contesto diventava necessario e inderogabile il superamento di tutti gli ostacoli, non solo di ordine strutturale, che frenavano il consolidamento di una società moderna, capace di garantire la crescita economica e di riequilibrare le diseguaglianze sociali. Cosí l'ideologia «desarrollista» diventerà l'elemento centrale della maggior parte dei progetti politici elaborati dopo il 1945, indipendentemente dalle diverse, e spesso antitetiche, soluzioni proposte. Questa sarà l'ideologia dominante, almeno sino a quando la crisi energetica e l'enorme problema dei debiti esteri faranno apparire quanto mai effimero il mito di uno sviluppo autopropulsivo, in grado di trasformare radicalmente i settori piú arretrati e piú tradizionali dei paesi latinoamericani.

Sebbene la recente storia dell'America latina ci indichi che sinora non è stato possibile superare il dramma del sottosviluppo, verso la fine degli anni '40 sembrava dominante la convinzione che fosse ormai prossima la possibilità di risolvere definitivamente tutti i principali problemi economici dell'America latina. Altrettanto unanime era la convinzione che esistesse una dicotomia fondamentale, tra un settore moderno prevalentemente urbano, e un settore tradizionale, arcaico e prevalentemente rurale, che doveva essere necessariamente superata. Naturalmente rispetto a questa dicotomia fondamentale si formulavano diverse valutazioni, a seconda dell'importanza che si attribuiva all'uno o all'altro termine della contraddizione, alla modernità o al tradizionalismo. Inoltre, ma non secondariamente, si trattava di superare lo storico problema della dominazione economica e politica dei paesi esteri, per la riappropriazione delle risorse naturali che costituivano il fondamento di uno sviluppo autopropulsivo e indipendente.

Nel corso degli anni 1930-45, a fronte di questi problemi, prevalse la forma politica del populismo, che si affermò in gran parte dei paesi latinoamericani, esprimendo una configurazione sostanzialmente nazionalistica. In realtà, dietro la formula populistico-riformista si celava un progetto politico tendenzialmente conservatore e autoritario, fortemente condizionato dalla crisi economica internazionale e, successivamente, dall'affermazione dei regimi totalitari europei.

La dimensione nazionalistica di questo orientamento, che dovrà produrre importanti effetti sui successivi sistemi politici, deriva soprattutto dal nuovo ruolo che viene progressivamente ad assumere lo Stato. Infatti, la tendenza adottata dalle politiche economiche che puntavano alla sostituzione delle importazioni determinerà un progressivo ampliamento delle strutture statali, a scapito delle forme associative della società civile, nell'organizzazione della produzione e dei servizi, e particolarmente nelle infrastrutture, nel sistema scolastico, nel sistema assistenziale. Dal punto di vista strettamente politico tutto questo determinerà la progressiva affermazione di un sistema corporativo e clientelare, con un'articolata possibilità di manipolazione delle masse. In altri termini, significherà la capacità dello Stato di controllare direttamente e di assorbire le forme organizzative popolari, che rappresentavano la sola via per integrare le classi popolari entro un sistema capace di garantire la loro autonoma volontà politica.

È possibile affermare, pertanto, che il consolidamento del sistema nazional-populista determinerà la sconfitta dell'altro possibile sistema politico, quello democratico e progressista che, basato sull'alleanza tra il proletariato e i ceti medi, rappresentava la naturale soluzione per promuovere il mutamento strutturale dell'economia e della società latinoamericana.

Dopo il 1945 e per tutto il periodo degli anni '50, come abbiamo già rilevato, continuerà ad essere predominante l'ideologia dello sviluppo. Sono gli anni in cui la sconfitta del nazi-fascismo crea nuove aspettative democratiche e si ricercano le condizioni per favorire un'economia autopropulsiva gestita direttamente dalle borghesie nazionali.

Questo rinnovato entusiasmo, che avrà la sua manifestazione più evidente negli orientamenti della Comisión Económica para América Latina (Cepal), era stimolato da una situazione di effettiva crescita delle potenzialità economiche, che era tale da rendere possibile una politica redistributiva delle risorse senza alterare gli equilibri di potere. La nuova euforia «desarrollista» si protrarrà sino alla crisi strutturale degli anni '60.

D'altra parte, lo stesso mito di uno sviluppo autogestito dell'America latina è progressivamente destinato ad essere ridimensionato dalla logica del potere internazionale. Infatti, sin dagli anni della guerra fredda, l'America latina veniva vista dagli Stati Uniti come una parte del blocco delle democrazie da contrapporre ai sistemi socialisti. Per gli Stati Uniti diventava pertanto necessario il consolidamento delle proprie strutture di dominazione, anche per mezzo della creazione di meccanismi economici e finanziari internazionali atti a garantire la politica degli «aiuti» economici e militari.

Nel 1948, infatti, con la trasformazione dell'Unión Panamericana nella Organización de los Estados Americanos (Oea), si può ritenere consolidata la fase di dominazione che caratterizzerà i decenni successivi.

In questo periodo si rilevano sensibili mutamenti nella composizione degli investimenti stranieri, da cui deriveranno importanti effetti politici durante gli anni '60. La trasformazione piú importante consiste nel riorientamento degli investimenti stranieri dai settori agricolo, minerario ed estrattivo, e dalle infrastrutture – settori sempre piú assoggettati alla progressiva tendenza al controllo statale delle risorse nazionali fondamentali – verso il settore industriale, e successivamente verso l'industria manifatturiera trainante ad alta concentrazione di capitale.

Gli effetti complessivi di questa trasformazione degli investimenti saranno dirompenti. L'impossibilità di continuare, o di reimpostare una politica ridistributiva delle risorse, deriva precisamente da questi effetti: la lenta espansione di un mercato interno generalizzato, l'assenza di un'articolata classe proletaria, la scarsa mobilità e il limitato ricambio della manodopera, l'urbanizzazione accelerata e incontrollata, da cui derivano la crescita irrazionale del settore terziario, la continua disoccupazione e la formazione di crescenti strati di «marginalità». Questa situazione finisce per alimentare una delle piú gravi contraddizioni di fondo: accanto a due settori sostanzialmente antitetici, quello tradizionale e quello moderno (anche se il primo, almeno parzialmente, risulta essere funzionale alla riproduzione dell'altro), si riconferma l'esistenza di due mercati, di cui uno è destinato essenzialmente alla sussistenza, mentre l'altro esprime la capacità di generare la riproduzione allargata del capitale.

Questa situazione, che si definirà nel corso degli anni '50, determinerà l'esaurimento definitivo del precedente populismo che si era imposto negli anni 1930-40. Lo sostituirà piuttosto un'altra forma di populismo, rappresentato tipicamente dall'esperienza boliviana del 1952, piú adeguato alla nuova realtà economica (crisi economica strutturale), sociale (accentuazione della conflittualità sociale e nascita di nuove espressioni di marginalità urbana e contadina) e internazionale (ristrutturazione del rapporto con i paesi sviluppati e, particolarmente, con gli Stati Uniti). A questa nuova forma politica, di cui nei successivi paragrafi esamineremo tutte le varianti nazionali, devono essere ascritti alcuni importanti fenomeni politici: la rivoluzione boliviana, il populismo democratico cileno, la Acción Democrática e il Copei in Venezuela, il nazional-populismo dei militari peruviani.

È necessario rilevare che, salvo qualche apprezzabile risultato conseguito da alcune esperienze politiche specifiche, in generale il crescente ruolo di direzione dello Stato non ha determinato significativi mutamenti strutturali, almeno non quelli necessari a ridurre le contraddizioni economiche e sociali. Nemmeno sono stati alterati i rapporti interni di potere, né i rapporti internazionali, ancora caratterizzati in questo periodo dal ruolo predominante degli Stati Uniti, i cui interessi sono sempre piú vincolati a quelli delle classi nazionali che controllano i settori strategici dell'economia.

Il neopopulismo che si definirà negli anni '60 è in ampia misura condizionato dalla rivoluzione cubana, dai suoi effetti dirompenti rispetto ai precedenti equilibri interni e internazionali.

Con la rivoluzione cubana, e soprattutto dopo la definizione in senso marxista del movimento castrista, per la prima volta in America latina si delinea la possibilità di assumere il socialismo come diretta alternativa alla vecchia idea – peraltro dominante anche presso gli stessi partiti della classe operaia e della sinistra progressista – che per superare i problemi storici dei paesi latinoamericani fosse necessario completare e realizzare pienamente la rivoluzione borghese.

Sulla base dell'idea della rivoluzione socialista come unico sbocco della crisi strutturale, negli anni '60 si svilupperanno diffusamente i movimenti di guerriglia, quali sintomatiche proiezioni del livello di conflittualità sociale raggiunto nel continente.

Nel 1962 si avvia il piú importante impegno riformatore progettato dagli Stati Uniti per l'America latina, la Alianza para el Progreso, proposta da J. F. Kennedy. Questa iniziativa deve essere vista come il tentativo piú completo e articolato per arginare le spinte di trasformazione radicale e rivoluzionaria che l'esperienza cubana riusciva a diffondere in tutta l'America latina. Dietro la Alianza para el Progreso c'era quindi la volontà di impedire ogni autonoma iniziativa politica dei paesi latinoamericani, per scongiurare il rischio, che gli Stati Uniti avvertivano, di perdere il controllo politico ed economico dell'America latina. La Alianza para el Progreso finí quindi per rafforzare il rapporto di subordinazione, attraverso i consueti meccanismi degli «aiuti» economico-finanziari, quali la Aid (Agency for International Development), il Ciap (Comité Interamericano de la Alianza para el Progreso), l'Imf (Internacional Monetary Fund), la Iadb (Inter-american Development Bank) e la Banca Mondiale.

Pertanto, anche il ruolo degli Stati Uniti non sarà ininfluente per sanzionare la fine delle esperienze neopopuliste degli anni '60. Infatti, il governo statunitense, come le classi dominanti e tutti i settori piú tradizionali che detenevano il potere politico ed economico, compresero che il nuovo sistema politico stava mettendo in movimento gran parte delle forze sociali verso la ricerca di nuove domande politiche di partecipazione. Particolarmente pericolose risultavano le organizzazioni del proletariato, i partiti e i sindacati, che all'interno del neopopulismo potevano trovare le opportunità per ridefinirsi ideologicamente, per riacquisire una definitiva coscienza del loro ruolo all'interno dei sistemi politici, e quindi esprimere una potenzialità sovversiva.

Per questi motivi sul neopopulismo calerà una ventata reazionaria, che determinerà l'affermazione di alcuni regimi autoritari, come nel caso del Brasile e, successivamente, della Bolivia e dell'Uruguay. La tendenza piú diffusa sarà comunque quella di controllare i governi civili per mezzo delle istituzioni militari.

Non in tutti i paesi, tuttavia, questo neopopulismo avrà soluzioni o affermazioni di uguali caratteristiche. In Cile, ad esempio, il neopopulismo darà origine alla coalizione popolare e progressista di Unidad Popular che, configurandosi come un episodio unico nella storia dell'America latina di transizione al socialismo, sopravviverà sino al colpo di Stato militare del 1973, che darà origine alla piú che decennale dittatura di Pinochet.

L'estinzione del neopopulismo in Cile, come si era verificato precedentemente in Brasile, indica la difficoltà di sopravvivenza di questa soluzione nei paesi in cui è piú grave il ristagno economico degli anni '60. Il neopopulismo, viceversa, resisterà piú solidamente in aree come il Messico e il Venezuela, in virtú del discreto livello di sviluppo economico di questi paesi; mentre non riuscirà a riaffermarsi su basi rinnovate in Argentina, nonostante la presenza in questo paese di una struttura sociale avanzata. Un caso a parte è rappresentato dal Perú, dove sopravviverà in virtú della spinta riformista e modernizzatrice della leadership militare.

È evidente comunque che verso la prima metà degli anni '70 il modello nazional-populista non ha piú retto. Le soluzioni che proponeva non hanno impedito che lo scontro di classe raggiungesse livelli di tensione senza precedenti, che gli stessi stati nazionali non hanno potuto piú inglobare e riassorbire entro i meccanismi previsti dalle politiche nazional-populiste. La soluzione autoritaria ha finito per imporsi sugli altri modelli politici, e mai come in questa fase l'America latina ha registrato un numero cosí limitato di governi civili.

Anche nell'andamento di questa fase non sarà ininfluente il ruolo degli Stati Uniti. Infatti, temendo che uno sbocco consolidato dei regimi riformisti potesse determinare un'incontrollabile mobilitazione in senso rivoluzionario, gli Stati Uniti preferirono scegliere di appoggiare i regimi militari, dai quali potevano ottenere la garanzia di stabilità politica e, conseguentemente, della stabilità economica.

2. *Le forze politiche.*

Le principali tendenze dell'evoluzione politica, quali si sono manifestate in America latina tra il 1945 e il 1985, ci indicano che il quadro politico complessivo è stato caratterizzato dal confronto tra due progetti sostanzialmente nazionalisti: uno di tipo neoconservatore, l'altro di tipo neopopulista.

Il primo orientamento attribuisce una particolare importanza all'efficienza economica, alla modernizzazione della società a qualsiasi costo, fondando lo sviluppo sull'ampia partecipazione del capitale straniero. Nella visione di questo progetto i risultati della crescita dovevano confluire, soprattutto, verso le classi che detenevano il potere politico ed economico, la borghesia industriale e i proprietari terrieri latifondisti. I risultati della modernizzazione, pertanto, avrebbero interessato solo marginalmente i ceti popolari e le classi medie.

Il secondo progetto, quello neopopulista, punterà invece a un rilancio del processo ridistributivo delle risorse, attraverso una progressiva crescita del controllo dello Stato sulle attività economiche. Questo orientamento tendeva a escludere gli interessi del capitale straniero mediante la nazionalizzazione dei principali settori economici, e specialmente delle risorse naturali. I risultati del processo avrebbero stimolato un miglioramento generale delle condizioni di vita delle classi popolari e, contemporaneamente, avrebbero garantito la promozione sociale di alcuni segmenti dei ceti medi, particolarmente quelli legati al settore dei servizi.

Nell'ambito di questi due orientamenti di massima dei sistemi politici che si affermarono in America latina, è anche necessario individuare le concrete forze politiche esistenti al loro interno, che saranno esaminate sinteticamente secondo la tripartizione tradizionale di forze di destra, di centro e di sinistra. Deve essere detto che la complessità della situazione economico-sociale dell'America latina e la sostanziale arretratezza della competizione politica, aggravata ulteriormente dalle pratiche clientelari e paternalistiche dei populismi, spesso rendono insufficiente questa suddivisione tipologica. Infatti, all'interno di ciascun gruppo possono coesistere diverse sfumature e articolazioni, o talvolta posizioni contraddittorie, che rendono difficile l'individuazione di definiti o coerenti disegni politici.

La complessità della dimensione politica, del resto, è anche aggravata dalla circostanza per cui, oltre alla presenza delle forze politiche tradizionali – a cui peraltro non sempre corrisponde il naturale riferimento alle rispettive classi o ceti sociali –, il quadro politico latinoamericano ingloba ancora altre componenti, che possono assumere un'importanza determinante per la definizione dei complessi assetti politici e ideologici. È il caso, ad esempio, del movimento sindacale, che frequentemente assume un ruolo sostitutivo o alternativo a quello dei partiti tradizionali della classe operaia. Altrettanto importante sarà la funzione della guerriglia, con la capacità dei suoi movimenti di liberare le potenzialità rivoluzionarie; peraltro, la stessa guerriglia sarà strumentalizzata per giustificare la reazione e la repressione governativa delle istanze rivoluzionarie della sinistra. Di importanza determinante per la definizione dei sistemi politici latinoamericani sarà anche la Chiesa cattolica, sia nel ruolo di forza essenzialmente conservatrice, sia nel ruolo di forza tendenzialmente riformatrice, che spesso giocherà una rilevante funzione di stimolo nei confronti delle destre o, all'opposto, nei confronti delle masse emarginate o degli stessi partiti di sinistra. Circa il ruolo delle forze armate, di cui ci occuperemo nelle parti successive, è necessario ricordare che in alcuni paesi, come ad esempio in Perú, costituiscono la componente propulsiva del sistema nazional-populistico, mentre in altri paesi, come ad esempio in Cile, sono l'elemento garante, in prima persona, di un sistema conservatore, funzionale agli interessi oligarchici e imperialistici.

I partiti politici della destra, appunto in quanto rappresentano gli interessi economici della classe dominante – sia della borghesia modernizzatrice, sia dell'oligarchia latifondista –, vedono compromesso il loro ruolo di potere sia da parte del populismo riformatore sia da parte di qualsiasi altro disegno politico progressista. Anche questi partiti – il partito liberale e il partito conservatore – subiranno gli effetti della modernizzazione, di cui peraltro, in ampia misura, sono stati essi stessi i promotori.

Tuttavia, il partito liberale, in virtú della propria configurazione storica e ideologica, in quanto è il partito piú prossimo alla borghesia maggiormente incline alle trasformazioni in senso capitalistico, presenta una discreta flessibilità di fronte a entrambe le tendenze di massima dei sistemi politici, rappresentate dall'orientamento neoconservatore e da quello neopopulista.

Per il partito conservatore, che rappresenta una parte della borghesia e soprattutto le oligarchie latifondiste, sarà invece necessario un ridimensionamento della propria identità. Questo ridimensionamento avverrà in relazione alla progressiva tendenza della Chiesa cattolica, naturale alleata e componente essenziale del blocco conservatore, ad appoggiare i partiti democristiani che costituiscono la forza propulsiva del populismo riformista. In molti casi, tuttavia, il partito conservatore evolverà verso quei partiti che sono l'espressione del cattolicesimo piú tradizionale, qual è rappresentato sino agli anni '60 dalle alte gerarchie ecclesiastiche, e dei settori meno innovativi delle classi dirigenti, specialmente quelli di estrazione latifondista.

Una delle caratteristiche comuni ai partiti di destra è data dalla loro tendenza a riproporre l'ideologia del nazionalismo, soprattutto ogni volta che appare probabile un'alleanza del capitale straniero con i ceti medi. Le destre, peraltro, non rinunceranno ad accogliere le istanze modernizzatrici, almeno nei casi in cui potranno avere sufficienti garanzie di averne il controllo e di mantenere la capacità di organizzarle per trarne i massimi benefici. Queste istanze modernizzatrici delle destre, comunque, non potranno che realizzarsi entro un modello di Stato corporativo e clientelare, e svilupperanno la loro egemonia facendo leva sui valori piú tradizionali, quali la nazione e la patria, la famiglia, la religione e la proprietà privata.

In generale, possiamo sostenere che le destre opteranno per la soluzione politica neoconservatrice, nell'ambito di una tendenza proiettata verso un modello populistico. I partiti di destra subiranno anche parzialmente gli effetti del populismo, di cui comunque daranno un'interpretazione restrittiva, cercando di limitare la modernizzazione al conseguimento dell'efficienza tecnica ed economica. In altre parole, saranno piuttosto propensi a trasformazioni in senso corporativo della società – promuovendo l'associazionismo di categoria, le forme clientelari, ecc. –, ovvero alle modificazioni che non si sottraggano al loro controllo, e che soprattutto riducano sin dall'inizio le opportunità organizzative e le volontà politiche delle classi subalterne. Per questa via i partiti della destra riusciranno anche a incorporare nella loro linea politica alcuni importanti settori delle classi medie.

Nei casi in cui non sarà possibile controllare completamente la situazione politica mediante i meccanismi dello Stato nazionalista, corporativo e clientelare, o piú semplicemente mediante il ricorso al sistema elettorale, la destra non esiterà a ricorrere a forme risolutive extra-costituzionali, di tipo autoritario, soprattutto usandole in funzione anticomunista e antinsurrezionale. In questo modo sorgono, in alcuni paesi, determinate strutture e organizzazioni paramilitari, che spesso vengono utilizzate anche in funzione antiriformistica. Tra questi movimenti di natura essenzialmente anticomunista si distinguono la tristemente celebre Alianza Argentina Anti-comunista, gli «squadroni della morte» brasiliani, e Patria y Libertad in Cile.

Le destre, naturalmente, cercheranno sempre di ottenere l'appoggio delle forze armate, come dimostrano i piú significativi esempi di affermazioni autoritarie degli anni '60 e '70. Tuttavia, in relazione alla funzione equilibratrice dei militari nei sistemi politici a partire dal 1945, il loro appoggio sarà ricercato non solo dalle destre ma anche dal populismo riformista e dal progressismo di sinistra.

Per quanto riguarda le organizzazioni e i partiti politici legati ai ceti medi, deve essere detto che il loro andamento si rivela assai complesso, poiché è condizionato da fattori interni (particolari situazioni politiche, processo di modernizzazione, crescita del terziario e urbanizzazione) e da fattori esterni (le scelte di intervento del capitale nordamericano).

Dal punto di vista essenzialmente politico, i partiti che rappresentano i ceti medi tendono ad essere disorientati dall'affermazione dei sistemi neopopulisti. Questi ultimi, infatti, mediante l'adozione della scelta interclassista, almeno parzialmente determinano la perdita d'identità e la disarticolazione dei tradizionali partiti delle classi medie, quali sono i partiti radicali, la Acción Democrática, la Apra. In generale, è possibile affermare che laddove l'esperienza del populismo fu molto forte i partiti dei ceti medi – come il Partido Radical in Argentina – si collocarono all'opposizione dello schieramento politico. Altrove, dove il populismo non riuscirà a imporsi quale sistema egemone, o dove rappresenterà solamente una soluzione di alleanza tattica tra le forze di destra e quelle di centro, i partiti dei ceti medi non potranno affermare la loro identità, né un'autonoma incisività politica. Solo la Apra peruviana sarà in grado di esercitare una certa influenza politica nel ruolo di partito di opposizione.

È anche possibile individuare due caratteristiche di fondo dei ceti medi, anche se la loro rilevanza politica varia sensibilmente a seconda della realtà politica dei singoli paesi. La prima è la tendenza dei ceti medi ad essere subordinati ai disegni politici delle classi dominanti entro la formula del progetto neoconservatore. Al contrario, la seconda tendenza è quella promossa dai partiti democristiani che, all'interno dei progetti neopopulisti, cercano di affidare ai ceti medi una funzione di egemonia. La collocazione politica dei ceti medi, comunque, presenterà generalmente una dinamica assai variabile, oscillante tra il progetto neoconservatore e il progetto neoriformista, esprimendo una vasta gamma di riarticolazioni e di ricomposizioni piú o meno progressive o regressive.

Nel contesto generale della scelta riformista degli anni '60, i ceti medi tenderanno ad appoggiarsi sulla classe dominante imprenditoriale – la destra modernizzatrice –, sul sottoproletariato e sul neoproletariato urbano e contadino. Questa soluzione doveva garantire ai ceti medi la loro autonomia politica, per contrastare il potere oligarchico e per farli diventare l'interlocutore privilegiato del capitale americano. Questa complessa strategia sarà manovrata dal neopopulismo democristiano, che affiderà allo Stato il ruolo di strumento prioritario per gestire il cambiamento, mediante le riforme strutturali, soprattutto attraverso la riforma agraria e l'espansione delle industrie nazionali, e la crescita economica, mediante le istituzioni di sviluppo e le iniziative di promozione popolare. Lo scopo finale di questo progetto neopopulista, che lo contraddistingue dal precedente populismo, nonostante la comune impostazione interclassista e il comune ruolo dello Stato nella gestione della crescita economica, sarà veramente ambizioso e originale. I suoi obiettivi infatti consistevano nella trasformazione dell'oligarchia tradizionale in borghesia attiva e imprenditoriale, e nell'elevazione del tenore di vita dei ceti popolari per contenerne la carica di conflittualità.

Il populismo riformista e nazionalista, pertanto, oltre a rappresentare la maggior garanzia per l'affermazione dei ceti medi nel contesto della trasformazione, almeno limitatamente ai paesi che hanno esaurito la fase del populismo tradizionale, rappresenta anche la concreta alternativa politica sia alla rivoluzione popolare sia al colpo di Stato delle destre o delle forze armate.

Per quanto riguarda le forze di sinistra, deve essere rilevato che la forte espansione delle ideologie rivoluzionarie – in ampia misura stimolate dalla rivoluzione cubana, come abbiamo già sottolineato –, combinata con l'effettivo incremento del proletariato verificatosi negli anni '50 e '60, non ha determinato una corrispondente espansione dei partiti tradizionali della classe operaia, i partiti comunisti e socialisti.

I motivi che determinarono questa situazione sono molto complessi. Intanto è presente una sostanziale incapacità dei partiti della sinistra di elaborare strategie autonome fondate sulle effettive realtà nazionali, di emanciparsi dai residui di settarismo e di stalinismo, molto radicati in America latina, e, infine, di inglobare la componente contadina e le nuove forme di marginalità, rappresentate soprattutto dai settori sottoproletari, entro i loro disegni politici. Del resto, a limitare la crescita delle sinistre organizzate interverrà pesantemente la politica interclassista del neopopulismo e del neoconservatorismo, che non favorivano certo l'affermazione delle volontà politiche delle classi popolari. In Argentina, ad esempio, la forte spinta a sinistra, piuttosto che determinare una crescita del partito comunista e del partito socialista, sarà inglobata dal movimento peronista, di matrice populista. In Uruguay, gli effetti della crescita del proletariato saranno riorientati dal movimento di guerriglia Tupamaro, piuttosto che dai partiti tradizionali della sinistra. Nel Cile, invece, la spinta a sinistra incrementerà solo parzialmente il partito comunista, mentre favorirà rilevantemente la crescita del partito socialista.

Nel corso della rivoluzione cubana si assiste anticipatamente alla tendenza che sarà predominante in tutta l'America latina: l'avanzata rivoluzionaria non sarà egemonizzata dai partiti tradizionali della classe operaia. Infatti, l'egemonia rivoluzionaria sarà assunta dal Movimento 26 de julio, guidato da Fidel Castro, la cui affermazione costringerà il partito comunista a sciogliersi e a ricostituirsi, congiuntamente allo stesso Movimento, nell'attuale partito comunista.

In generale, è anche possibile sostenere che i partiti di sinistra restano sbilanciati nella contrapposizione tra il proletariato urbano da un lato e il sottoproletariato, congiuntamente ai contadini, dall'altro. Rimasero imbrigliati entro questa contraddizione, i cui effetti potevano essere sfruttati facilmente dalle classi dominanti, e finirono per orientarsi sul settore delle classi popolari che tradizionalmente rappresentavano: il proletariato. Entro gli schemi del neopopulismo, come entro quelli del sistema neoconservatore, i partiti operai vengono a subire una sorta di atrofia politica e ideologica. In altri termini, non comprendono che il sottoproletariato non deve essere considerato come uno strato sociale fine a se stesso, ma piuttosto come una forma transitoria del proletariato, anch'esso quindi destinato a essere assorbito dai progetti strategici della sinistra. Infatti, tra gli anni '50 e '60, quando gli effetti della crisi strutturale dell'economia iniziarono a ridurre le distanze di status tra il proletariato e il sottoproletariato, i partiti di sinistra non saranno in grado di egemonizzare le spinte e le domande politiche dei sottoproletari, che quindi tenderanno a incanalarsi verso nuovi movimenti o partiti politici. Queste nuove forme organizzative, assumendo una funzione concorrenziale rispetto ai partiti storici della classe operaia, determineranno la formazione di un vasto schieramento politico di sinistra, scarsamente strutturato. Talvolta questa situazione darà origine a gravissimi problemi all'interno dei sistemi politici, come dimostra il caso della coalizione di Unidad Popular in Cile. In questo paese, infatti, data l'esistenza di un gran numero di partiti e di movimenti politici di tipo progressista, il governo popolare sarà costretto ad assumere una continua funzione di mediazione, che alla fine ne ostacolerà la capacità di azione politica e la sua stessa sopravvivenza.

Diversamente da quanto avviene per i partiti politici della sinistra, la crescita del proletariato e la sua progressiva unificazione con alcuni settori del sottoproletariato, daranno origine a nuove forme associative di base, senza che ciò determini un sostanziale ristagno del movimento sindacale. Queste associazioni spontanee costituiranno tuttavia una concreta base di sostegno del populismo riformista, che se ne servirà per contrapporle, in caso di necessità, al preesistente movimento sindacale, almeno nei casi in cui questo non sia già interamente istituzionalizzato dai meccanismi dello Stato corporativo.

Il movimento sindacale tradizionale rappresenterà, sempre e comunque, una concreta minaccia per il progetto neopopulista, come per quello conservatore, o per gli interessi del capitale straniero. Senza alcun dubbio tutte le alternative non rivoluzionarie non saranno disposte a riconoscere un ruolo autonomo al movimento operaio e sindacale. La scelta di perpetuare la subordinazione delle classi lavoratrici entro il sistema politico sarà sempre la condizione indispensabile per permettere al capitale nazionale e internazionale, pubblico o privato, di garantire l'alto tasso di accumulazione capitalistica.

Un altro importante fenomeno politico è rappresentato dalla diffusione, negli anni '60, dei movimenti di guerriglia ispirati dalle teorizzazioni di Ernesto Guevara e di Regis Debray, che sorgono come effetto dei successi della rivoluzione cubana.

In origine, i movimenti di guerriglia ispirati dal castrismo sono formati da rotture verificatesi tra i settori giovanili di alcuni partiti populisti (la Apra peruviana, la Acción Democrática in Venezuela) o di partiti comunisti tradizionali. In una prima fase, che durerà dal 1960 al 1968, sulla scia del Movimiento 26 de julio la guerriglia si sviluppa prevalentemente nelle aree rurali di paesi come il Venezuela, il Guatemala, il Perú e la Colombia.

Si può avere un'idea della dimensione politica continentale di questi movimenti in America latina pensando al Congreso de la Organización Latinoamericana de Solidaridad (Olas), tenutosi nel 1967 ad Avana, che si proponeva il coordinamento continentale del processo rivoluzionario.

Dopo il 1968 ha inizio la fase regressiva dei movimenti di guerriglia. Alcuni, tuttavia, si svilupparono ulteriormente nelle aree urbane, come avverrà in Uruguay, Argentina, Brasile e Cile. In questa seconda fase, alla guerriglia aderiranno essenzialmente gli studenti e gli intellettuali, oltre ad alcuni settori piú poveri della classe operaia.

All'inizio degli anni '70 la guerriglia sarà quasi ovunque sconfitta, ad eccezione dell'Argentina, Uruguay e Nicaragua, dove continuerà a essere attiva. In Perú e in Bolivia la guerriglia sarà sconfitta dalla repressione dei militari; in Venezuela e in Colombia, invece, sarà isolata e emarginata politicamente. Il solo movimento che sopravviverà alla repressione per l'intero decennio degli anni '70, garantendosi una certa presenza politica e una consistenza organizzativa, sarà il Frente Sandinista de Liberación Nacional del Nicaragua.

Il generale fallimento della guerriglia ha molte cause. Tra queste possiamo indicare le seguenti: il suo orientamento militarista e volontarista; il ripiegamento della strategia rivoluzionaria cubana dopo la morte di Guevara, congiuntamente alle pressioni dell'Urss per le esigenze della sua politica internazionale; un generale miglioramento organizzativo degli apparati repressivi dei governi latinoamericani. Tuttavia, alla base del suo fallimento, che si traduce nella mancata estensione della lotta armata, c'è l'incapacità della guerriglia di promuovere movimenti di massa su scala nazionale e di diffondere la coscienza rivoluzionaria nelle campagne, soprattutto dopo il 1968.

Anche la Chiesa cattolica viene a costituire una forza politica che, nel corso degli anni '50 e '60, tenta di acquisire una propria autonomia nei confronti delle istituzioni politiche. La tendenza generale della Chiesa sarà lo spostamento a sinistra, salvo alcune dichiarate eccezioni, come avverrà in Argentina e in Colombia. Tuttavia, le chiese che si rivelano maggiormente disponibili ad assumere un ruolo di modernizzazione, come è ad esempio la Chiesa cattolica cilena, in realtà avvertono la necessità di ridefinirsi con una funzione alternativa alla crescita del movimento comunista.

3. *La rivoluzione cubana*.

La rivoluzione cubana costituisce un fenomeno politico originalissimo, non solo per la sua dinamica, che non ha eguali nella storia delle rivoluzioni socialiste, ma anche per la particolare struttura di potere su cui si innesta il processo di trasformazione e per la composizione sociale delle forze che ne garantiranno il successo finale.

La caratteristica piú interessante da sottolineare è data

dalla constatazione che questa rivoluzione non nasce solo come conseguenza diretta di una crisi del modello populistico. La rivoluzione, invece, si definirà anche come la soluzione di una crisi economica, soprattutto del settore agricolo, in un contesto politico autoritario e repressivo, e sensibilmente condizionato dalla presenza nordamericana.

A Cuba il processo di subordinazione della classe dominante agli interessi nordamericani si perfezionerà sin dagli anni della dittatura di Machado, quindi molto prima che negli altri paesi dell'America latina. Per questo motivo nell'isola non sarà possibile l'affermazione dell'esperienza populista, che peraltro avrebbe potuto realizzarsi sotto il governo provvisorio di Grau San Martín, poiché il suo definitivo completamento presupponeva un'autonomia della classe dominante, almeno relativa, rispetto al capitale straniero. Il progetto populista, pertanto, potrà essere facilmente interrotto dall'esercito, guidato da Batista, in seguito alla determinante pressione del governo statunitense.

Tutti i governi che precedono il processo rivoluzionario – di Fulgencio Batista (1940-44), Ramón Grau San Martín (1944-48) e Carlos Prio Socarras (1948-52) – riusciranno a mantenere una certa apparenza di democrazia perché, attraverso i meccanismi del clientelismo e della corruzione, senza gravi costi politici riusciranno a riassorbire le nuove domande di crescita espresse dai sindacati e dalle classi medie.

Il tipo di economia che veniva consolidandosi negli anni '50, condizionato dalla forte presenza nordamericana, si distingueva soprattutto per il carattere ampiamente capitalistico dell'agricoltura, particolarmente presente nelle aree di coltivazione della canna da zucchero e nelle attività complementari della sua produzione, da cui derivava la rilevante consistenza di proletariato rurale. Non ininfluente sarà anche la forte incidenza del turismo americano, che nel corso degli anni '50 determinerà il grave fenomeno della speculazione edilizia, soprattutto nelle aree prossime alla capitale.

A causa di queste particolarità dell'economia, negli anni '50 Cuba potrà vantare il maggior reddito pro capite dell'intera America latina. Per contro, l'isola registrerà un altissimo tasso di disoccupazione o di sottoccupazione, con circa

650 000 lavoratori stagionali e circa 500 000 disoccupati permanenti, su una popolazione attiva di 2 milioni di individui.

All'inizio degli anni '50, il sistema di corruzione generalizzata incominciò a dimostrarsi insufficiente di fronte alle domande di trasformazione sociale, espresse soprattutto dal proletariato rurale e dai ceti medi. La crisi diventerà presto incontenibile, determinando nel 1952 un colpo di Stato militare guidato da Batista. Due anni dopo Batista potrà legittimare il proprio potere, e sarà eletto alla presidenza della repubblica, con l'appoggio della classe dominante, dell'esercito e del governo nordamericano. Quando non sarà piú possibile riequilibrare il sistema politico con le vie legali, a causa dell'opposizione radicale di una parte della classe media (intellettuali e studenti universitari) e del partito di maggioranza, il Partido Ortodoxo, Batista finirà per impostare un sistema di tipo autocratico e dittatoriale.

La violenta opposizione al regime di Batista inizierà il 26 luglio 1953, con l'insurrezione guidata da Fidel Castro che tenterà di occupare la caserma Moncada. Dopo il fallimento di questa prima insurrezione, nel 1956 seguirà una spedizione armata dei castristi nella provincia orientale, sulla Sierra Maestra. Lo sbarco di Fidel Castro a Cuba, dopo il suo lungo esilio in Messico, segnerà irreversibilmente l'inizio del processo rivoluzionario.

La rivoluzione castrista inizialmente non sarà appoggiata dai comunisti, che anzi condanneranno di «giacobinismo» il tentativo insurrezionale del 1953, e nemmeno dalla classe operaia, ancora guidata da leader ingabbiati entro il meccanismo della corruzione. Invece, la collaborazione con il castrismo del proletariato rurale non sindacalizzato stimolerà il Movimiento 26 de julio verso un attivo processo di crescita politica e ideologica. Attraverso questo passaggio politico, il movimento castrista potrà garantirsi l'adesione del proletariato organizzato, contadino e urbano. Tuttavia, l'adesione massiccia delle classi lavoratrici al castrismo – che inizialmente esprimeva una sorta di configurazione interclassista diretta dai rappresentanti delle classi medie –, in ampia misura sarà condizionata dalla stessa forma repressiva adottata dal regime di Batista per frenare la rivoluzione. Gli incendi e le distruzioni delle piantagioni, con cui i militari di Batista tentarono di impedire a Castro ogni possibilità di sopravvivenza materiale e politica nelle aree che egli controllava, avranno l'effetto di un moltiplicatore diretto di disoccupazione per il proletariato rurale, e di un moltiplicatore indiretto di aggravamento della crisi del proletariato urbano, con l'aumento dei prezzi dei beni di consumo, della disoccupazione, del fenomeno dell'urbanizzazione incontrollata.

L'adesione del proletariato rurale e urbano al Movimiento 26 de julio sarà determinante per garantire il successo della rivoluzione, che culminerà il 1° gennaio 1959, quando i castristi occuperanno Avana e s'impossesseranno del potere.

A Cuba la situazione rivoluzionaria presenta alcuni caratteri analoghi a quella della Bolivia che nel 1952 aveva portato al potere il Movimiento Nacionalista Revolucionario. Peraltro, la rivoluzione cubana presenterà uno sbocco successivo assai diverso dal caso boliviano per la presenza di due singolari condizioni: la rilevantissima incidenza del capitale nordamericano nell'economia di Cuba, che impedisce l'autonomia politica della classe dominante; la rilevante consistenza del proletariato agricolo, che rappresenta piú del 35 per cento della popolazione rurale.

Dopo la presa del potere, con i processi contro i collaborazionisti di Batista e con la deposizione del presidente provvisorio Manuel Urrutia Lleo, emerge con chiarezza il disegno dei rivoluzionari, che consiste nella ferma determinazione di non ripristinare la precedente legalità costituzionale e di instaurare un nuovo assetto politico e sociale. Infatti, furono subito annunciate alcune importanti riforme economiche e sociali (febbraio 1959), si decretò la riduzione dei fitti, la promulgazione della riforma agraria e l'occupazione dei latifondi (maggio 1959). Queste misure provocarono l'immediata reazione del governo nordamericano, che tenterà con ogni mezzo diplomatico di incoraggiare l'opposizione delle forze moderate e reazionarie al governo castrista. Il comportamento degli Stati Uniti finí per stimolare un risultato opposto a quello sperato: si incrementarono le misure radicali di trasformazione sociale, che determinarono un'ulteriore estensione dell'appoggio popolare alla rivoluzione.

L'opposizione definitiva del governo nordamericano ai provvedimenti rivoluzionari si manifestò con maggior vigore quando si decretò la nazionalizzazione del capitale straniero investito nell'isola e l'espropriazione del capitale nazionale privato. Questi provvedimenti determinarono la sospensione delle importazioni di zucchero cubano negli Stati Uniti e, infine, l'organizzazione del tentativo di invasione di Cuba nell'aprile del 1961. Il fallimento dello sbarco dei marines sull'isola, congiuntamente alla definitiva appropriazione statale dei principali fattori produttivi, segna l'esaurimento della prima fase della rivoluzione cubana, e segna altresí il consolidamento degli appoggi economici dell'Unione Sovietica all'isola, per controbilanciare gli effetti negativi del blocco economico imposto a Cuba dagli Stati Uniti.

La successiva fase segnerà il consolidamento dell'evoluzione socialista e marxista del gruppo dirigente, che darà una nuova configurazione all'intero corso della rivoluzione. La lotta antimperialista, infatti, aveva creato una sufficiente coesione degli strati sociali che, con l'esclusione della vecchia classe dominante e di una parte meno progressista dei ceti medi, poteva garantire al castrismo il necessario appoggio della popolazione per intraprendere il percorso della trasformazione radicale del paese, per attuare la fase di transizione al socialismo.

Questa seconda fase è caratterizzata dall'impegno del castrismo per fronteggiare i diversi problemi – economici, politici e sociali – che dovevano essere risolti per garantire la sopravvivenza del nuovo ordine, mentre la stabilità rivoluzionaria, e la stessa collaborazione dell'Unione Sovietica, erano seriamente compromesse dalla gravissima crisi dei missili del 1966. Sarà pertanto necessario il ricorso a una rigida regolamentazione economica, che prevedeva il razionamento e il tesseramento dei beni alimentari e di consumo. La radicale misura governativa era necessaria per contenere gli aumenti dei consumi, derivati dall'incremento dei salari, che l'economia cubana non avrebbe potuto sostenere spontaneamente.

Dal punto di vista strettamente politico, nel corso di questa fase si verifica un interessante processo di cambiamento, culminante nella definitiva caratterizzazione socialista della rivoluzione. La leadership rivoluzionaria, rappresentata dal Movimiento 26 de julio, spinse le forze organizzate della sinistra a ridefinirsi, sollecitando una tendenza che già presentava un considerevole grado di spontaneità, per iniziare dalla base un movimento di aggregazione. La fondazione del nuovo partito comunista sarà precisamente l'intervento che renderà possibile la creazione delle strutture politiche e degli apparati di rappresentatività popolare indispensabili per la fondazione dello Stato socialista. Questa evoluzione politica avrà il suo necessario completamento nella ripresa dell'economia, attraverso l'espansione della produzione agricola e, soprattutto, della produzione di beni essenziali.

Nel 1965, con l'affermazione marxista del castrismo, si esaurisce la seconda fase della rivoluzione. Nel decennio successivo si perfezioneranno le istituzioni dello Stato socialista, e si realizzeranno enormi progressi nello sviluppo generale dell'economia e della società.

Il successo complessivo di questa rivoluzione consiste nell'avere realizzato storicamente un'alternativa agli altri progetti riformisti latinoamericani, progressisti o neopopulisti. La rivoluzione cubana spezzò l'illusione riformista che, attraverso la politica di massa su cui si fondava il nazional-populismo, nei paesi latinoamericani fosse possibile coniugare lo sviluppo economico con lo sviluppo politico in senso democratico.

4. *La stasi del Centroamerica.*

La situazione politica dei paesi centroamericani, nel periodo compreso tra la seconda guerra mondiale e gli anni '80, si caratterizza per la presenza di una prima fase riformista, di una seconda fase di ristrutturazione dei sistemi politici e, infine, di una terza fase che presenta una sorta di stallo tra due possibili alternative di segno contrario, una riformista e progressista, l'altra neoconservatrice o reazionaria.

Alle soglie degli anni '50 sembrava che per i paesi centroamericani si iniziasse una nuova era di benessere e di riequilibrio degli assetti sociali. A questa generale euforia, in ampia misura condizionata dalla tenuta dei prezzi internazionali dei prodotti di esportazione (soprattutto il caffè e la frutta tropicale), si aggiungeva una serie di elementi che concretamente rendevano plausibile una prospettiva di ridefinizione in senso riformista dei sistemi politici. Intanto erano crollate due tra le piú tenaci e consolidate dittature dell'intero continente latinoamericano, quella di Jorge Ubico in Guatemala e quella di Maximiliano Hernández Martínez a El Salvador. Inoltre, si stava consolidando una diversa coscienza, presso le classi popolari e i ceti medi, dei loro ruoli rispetto alla necessità di modernizzare i paesi centroamericani: a livello economico, con il controllo statale dell'economia, soprattutto relativamente alle produzioni tropicali, mediante la riforma agraria e la diversificazione economica; a livello sociale, attraverso l'istituzione di nuove forme pubbliche previdenziali e l'ampliamento dell'assistenza e dei diritti sindacali; e, infine, a livello politico, con il rispetto della legalità costituzionale e la realizzazione del suffragio universale.

Tuttavia, ben presto l'illusione riformista delle classi medie e popolari dovrà scontrarsi con le esigenze delle classi dominanti tradizionali. I sistemi politici centroamericani, con la sola eccezione del caso di Costa Rica, si troveranno entro situazioni che di fatto, per cause interne ed esterne, impediranno l'affermazione di uno sviluppo progressista, democratico e nazionale della gestione del potere.

In Guatemala, ad esempio, la politica nazionalista e riformista intrapresa da Juan José Arévalo, e successivamente continuata da Jacobo Arbenz Guzmán, minacciava gli interessi della United Fruit Company. Nel 1954, pertanto, riuscirà ad essere soffocata dalle forze reazionarie (la Chiesa cattolica, una parte dell'esercito e le oligarchie legate agli interessi statunitensi), appoggiate dalla Cia, che imposero al paese la rigida dittatura di Castillo Armas.

Anche in El Salvador, con il governo di Oscar Osorio, e sino ad un certo punto durante la presidenza di José María Lemus, la buona congiuntura economica – determinata dagli alti prezzi del caffè sul mercato internazionale – permetterà l'adozione di alcune misure riformiste (diversificazione dell'economia, inizio di un processo di industrializzazione), compresa la promulgazione di una carta costituzionale fortemente ispirata all'interventismo statale nell'economia. La successiva depressione economica, determinata dalla contrazione dei prezzi internazionali del caffè, darà origine a una massiccia mobilitazione popolare, che finirà per imprimere una svolta autoritaria e repressiva al regime di Lemus. Solo dopo il 1960, quando il Frente Nacional de Orientación Cívica (sinistra, centrosinistra, associazioni sindacali e studentesche) deporrà Lemus, il paese sarà nuovamente indirizzato verso una politica riformista, peraltro ispirata alla linea nordamericana dettata dalla Alianza para el Progreso.

Anche in Honduras, dopo la sconfitta del regime autocratico di Tiburcio Carías, il governo liberale di Juan Manuel Gálvez inizierà una politica di moderata modernizzazione. Questa linea proseguirà con il governo di Ramón Villeda Morales, che intensificherà la politica di sviluppo delle opere pubbliche, insieme a una consistente promozione degli investimenti stranieri per accelerare il processo di sviluppo complessivo del paese. Nel 1962 sarà varata una riforma agraria, anch'essa peraltro rispondente alla politica della Alianza para el Progreso. Nel 1963, infine, questo processo di modernizzazione economica e politica avviato nell'Honduras sarà bloccato da un colpo di Stato.

I due paesi che presentano una tendenza diametralmente opposta sono il Nicaragua e il Costa Rica. Nel primo si consoliderà il potere di Anastasio Somoza. Quest'ultimo, sino alla sua morte nel 1956, continuerà a godere dell'appoggio del governo statunitense, nonostante la netta configurazione tirannica e repressiva del suo regime. Al contrario, il Costa Rica sarà il solo paese centroamericano che riuscirà a consolidare un programma riformista. Infatti, con il governo di José Figueras, di ispirazione socialdemocratica, sarà possibile impostare un sistema democratico-rappresentativo, ampliando i meccanismi della partecipazione politica alla classe media e ai settori popolari.

Negli anni '60 la modernizzazione tecnologica e organizzativa delle produzioni centroamericane (banane, cotone, zucchero e carne) riusciranno in ampia misura a controbilanciare la caduta del prezzo del caffè sul mercato internazionale. La generale stabilità dell'economia contribuirà ad avviare un processo di industrializzazione, favorito dalla creazione del Mercado Común Centroamericano, dal Banco Centroamericano de Integración Económica, e dall'approvazione di un trattato internazionale che liberalizzava gli scambi tra i paesi dell'America centrale. Queste alleanze economiche, finalizzate soprattutto all'incremento dell'industrializzazione, accentuarono i preesistenti disequilibri tra i singoli paesi: alla fine degli anni '60 le industrie risultano concentrate quasi esclusivamente in Guatemala e in El Salvador, ovvero nei paesi in cui era superiore la densità di popolazione e minore il costo della manodopera.

In generale, all'inizio degli anni '70 incomincerà ad essere evidente l'inefficienza economica del Mercado Común, come la politica di industrializzazione a tutti i costi, e gli stessi sforzi per sostituire le importazioni, che peraltro implicavano un continuo incremento delle importazioni di materie prime e di beni intermedi. In sintesi, come sarà ancora piú evidente durante la crisi internazionale degli anni '70, l'industrializzazione favorí sostanzialmente i soli settori alti della società e il capitale nordamericano. Invece, le classi subalterne non ottennero alcun rilevante vantaggio dalle politiche centroamericane di modernizzazione economica: l'occupazione non si incrementò, né si modificarono le strutture produttive interne dei singoli paesi, soprattutto nelle aree rurali. In compenso si intensificò il processo di urbanizzazione, e con esso si accrebbero i settori di popolazione emarginata, specialmente il sottoproletariato nelle città.

Le crescenti domande sociali, stimolate dai processi di modernizzazione, favoriranno la formazione di movimenti di guerriglia sempre piú estesi, soprattutto in Guatemala e in Nicaragua. Dopo gli anni '60 l'esercito, impegnato regolarmente nelle azioni controrivoluzionarie, assumerà progressivamente il ruolo di braccio armato degli interessi tradizionali delle oligarchie latifondiste e dei loro alleati nordamericani. Nel corso degli anni '60 risulterà sempre piú evidente che la politica della Cepal e della Alianza para el Progreso utilizzeranno la modernizzazione e la democratizzazione della società per frenare una possibile opzione rivoluzionaria. Tuttavia, e qui risiede una delle contraddizioni piú gravi della storia dei paesi centroamericani, le classi dominanti scelsero la soluzione di sabotare la politica delle riforme, vincolandosi piú saldamente agli interessi del capitale nordamericano.

Anche il ruolo della Chiesa cattolica nei paesi centroamericani presenta connotazioni ancora piú ambigue di quanto si verifica negli altri paesi dell'America latina. Nell'America centrale, infatti, sarà evidente che la tolleranza dei regimi nei confronti della politicizzazione informale dei cattolici (che si esprime nella proliferazione di cooperative, di comunità, di associazioni popolari, ecc.) avrà un significato immediatamente funzionale alla possibilità di sfruttarla in senso anticomunista e antirivoluzionario.

Del resto, anche l'esercito non ha una collocazione rigidamente coerente all'interno dei sistemi politici, e non sempre esprimerà un ruolo di tipo controrivoluzionario. In El Salvador, ad esempio, l'esercito nel 1960 sarà promotore di una giunta civico-militare di tipo riformista, mentre nel 1972 una fazione nazionalista e costituzionalista dell'esercito guiderà una sollevazione contro la corruzione del regime. Nel Guatemala, invece, una parte dell'esercito si integrerà addirittura nella guerriglia rivoluzionaria.

Nei primi anni '70, la situazione politica generale dei paesi centroamericani è caratterizzata da una tendenza scarsamente democratica, in cui i ricambi di governo, con l'eccezione del caso di Costa Rica, non avvengono normalmente in seguito a processi elettorali capaci di affermare la volontà popolare. Sono piuttosto prevalenti i colpi di Stato preventivi, le frodi elettorali, i controlli sulle campagne di stampa, ecc. Il frequente ricorso a queste prassi determinerà l'inefficacia delle opposizioni garantite dalle costituzioni politiche, sebbene alcuni partiti democratici, come i democratico-cristiani e i socialdemocratici, tendano a incanalare una crescente rappresentatività popolare.

La sola opposizione radicale continuerà ad essere espressa dalla guerriglia rivoluzionaria, nelle sue molteplici forme, che riuscirà a coinvolgere rilevanti settori delle classi popolari, come si verificherà in El Salvador a partire dal 1971, e dopo il 1975 in Nicaragua e in Guatemala.

Nei paesi centroamericani, pertanto, verso la metà degli anni '70 la situazione politica presenta una configurazione molto particolare, senza apparenti possibilità di sbocco, né di tipo neoconservatore, né di tipo neopopulista. Questa indeterminazione si imporrà anche nei casi in cui sembrava che potesse prevalere una svolta definitiva, come in Guatemala, dove la partecipazione popolare alla guerriglia determinerà nel 1979 la caduta della dinastia dei Somoza. Invece, diversamente avverrà a El Salvador, dove nel 1979, con un nuovo colpo di Stato, si tenterà di arginare la sanguinosa conflittualità sociale che minacciava la stabilità governativa. Questa tendenza di indeterminatezza politica si affermerà anche in Costa Rica, ponendo fine al piú avanzato esperimento riformistico centroamericano.

Il fallimento del riformismo, neopopulista o progressista, a cui corrisponde da un lato l'intensificazione della guerriglia e dall'altro un crescente rafforzamento dell'inclinazione autoritaria delle classi dominanti e dell'esercito, è alla base dell'impossibilità di istituzionalizzare i conflitti sociali. In questo senso, dopo gli anni '70 nei paesi centroamericani sarà difficile configurare qualsiasi tipo di definizione politica. Tutte le alternative saranno possibili, indifferentemente, sia le soluzioni reazionarie, sia le soluzioni progressiste.

5. *Verso la stabilizzazione: Venezuela e Colombia.*

Il Venezuela e la Colombia sono due paesi che, nonostante le specificità di ciascuno, presentano un processo politico sostanzialmente simile, caratterizzato da una lenta trasformazione di tipo neopopulista. Questa soluzione, successivamente, con una progressione non priva di fenomeni potenzialmente capaci di sconvolgerne radicalmente l'andamento complessivo, determinerà l'affermazione di una sorta di stabilizzazione politica, democratica e costituzionale.

In Venezuela, dopo il 1945, diventerà sempre piú evidente il ruolo egemonico del Partido de Acción Democrática, una formazione laica e progressista che esprimerà una linea di azione di tipo neopopulista, fortemente appoggiata dal consenso degli operai urbani e dei contadini.

Il governo di Romulo Betancourt (1945-47), leader di Acción Democrática, fonderà il proprio progetto politico sul tentativo di modernizzare economicamente il paese. Questo progetto riformista, tuttavia, non prevedeva alcuna seria misura per sottrarre il paese alla dipendenza economica dagli Stati Uniti, né per ridimensionare il potere delle classi dominanti che fondavano le loro fortune politiche ed economiche sulla produzione petrolifera. Comunque, la spinta verso la modernizzazione proposta da Betancourt, e successivamente da Rómulo Gallegos (1947-48), per i suoi contenuti progressisti susciterà la reazione della classe dominante e dei militari.

Per alcuni anni il potere sarà gestito da una giunta militare; sino al 1952, quando le forze armate imporranno lo scioglimento del Partido de Acción Democrática e del partito comunista, e insedieranno alla suprema magistratura il generale Marcos Pérez Jiménez.

Il governo di Pérez Jiménez (1952-58) assumerà progressivamente le caratteristiche tipiche di un regime di tipo dittatoriale, mentre nel contempo il paese veniva investito da un'eccezionale prosperità economica fondata sull'esportazione del petrolio. Invece di approfittare di questa fase di crescita, per diversificare l'economia venezuelana e per creare nuovi sbocchi di sviluppo, il regime preferí utilizzare le nuove risorse per favorire la congiunzione degli interessi nazionali con quelli nordamericani vincolati al settore petrolifero.

A partire dal 1955 ha inizio il rallentamento di questa fase espansiva dell'economia, determinato essenzialmente dalla sovrapproduzione di petrolio rispetto alla domanda del mercato internazionale. Questa situazione darà origine a una rilevante riduzione delle entrate statali e, conseguentemente, emergerà l'impossibilità di continuare a sostenere gli interessi dei petrolieri attraverso gli investimenti nelle infrastrutture. Nel contempo, si assiste al crescente malcontento delle classi medie, che incominceranno a coalizzarsi intorno ad Acción Democrática, al partito Copei – una formazione politica di tendenza socialcristiana – e ai militari. Questi ultimi, sotto la guida dell'ammiraglio Wolfango Larrazábal, destituiranno definitivamente il dittatore Pérez Jiménez e affideranno il potere a una giunta militare provvisoria.

Il ritorno alla normalità costituzionale restituirà il potere ad Acción Democrática, nella persona del vecchio leader Rómulo Betancourt che sarà eletto alla presidenza della repubblica. Questo governo di Betancourt (1958-63) dovrà immediatamente affrontare alcuni gravi problemi politici, economici e sociali. Dal punto di vista politico il nuovo governo, che aveva superato la competizione elettorale con una maggioranza assai ristretta, incontrerà l'ostilità della classe dominante, e soprattutto dei militari che avevano appoggiato la candidatura dell'ammiraglio Larrazábal. A livello economico il governo di Betancourt dovette fronteggiare l'effetto congiunturale della sovrapproduzione petrolifera. Dal punto di vista sociale, infine, dovette far fronte alla preoccupante crescita demografica e all'estensione incontrollata dei centri urbani, specialmente di Caracas.

L'insieme di questi fattori incomincerà presto a minare la stessa stabilità del potere governativo. Per questo motivo Betancourt promosse un'alleanza del suo partito con il Copei, che contava su una vasta base popolare e su solidi rapporti con alcuni settori delle forze armate. Questo orientamento di Betancourt determinò una spaccatura all'interno del Partido de Acción Democrática e la progressiva radicalizzazione del settore dissidente: quest'ultimo, infatti, congiuntamente al partito comunista, inizierà un'intensa attività di guerriglia. La crescente diffusione della guerriglia favorirà la progressiva convergenza di Acción Democrática verso il Copei e i militari, coalizzati nella lotta controrivoluzionaria e nella difesa della legalità costituzionale.

In questo contesto, nelle elezioni presidenziali del 1963 il candidato di Acción Democrática, Raúl Leoni, riuscirà ad essere eletto all'alta carica con un minimo scarto di voti. Per questo motivo il governo di Leoni si caratterizza per un continuo patteggiamento con i militari, impegnati a eliminare i focolai di guerriglia, e con lo stesso Copei. Quest'ultimo riuscirà a canalizzare il malcontento popolare, mentre il fronte della sinistra rivoluzionaria – Acción Popular – non saprà sfruttare la nuova congiuntura politica. Sarà questa la causa che permetterà la successiva elezione di Jóvito Villalba alla presidenza della repubblica.

La vittoria di Jóvito Villalba e del Copei segnerà l'inizio di una nuova fase, caratterizzata dal progressivo consolidamento del sistema politico democratico-costituzionale. Infatti, a partire dalla metà degli anni '60 il sistema politico tenderà ad attenuare le occasioni di conflittualità politica e sociale, mediante l'ampio ricorso a una strategia istituzionalizzata in grado di inglobare e di ricomporre nel disegno costituzionale i diversi settori dell'opposizione, le destre e anche i militari. Grazie a questa strategia il governo riuscirà ad attenuare la spinta rivoluzionaria dei gruppi di sinistra, precedentemente attratti dalla guerriglia, tentando di reinserirli entro l'ordine politico costituzionale. La manovra riuscí in ampia misura a imporsi, e ne derivò un sistema politico stabile fondato sulla tendenziale alternanza al potere del Copei e di Acción Democrática.

Anche in Colombia la stabilità costituzionale incontrerà rilevanti ostacoli lungo il cammino della sua affermazione. Nel 1948, quando sembrava che una tendenza politica piú progressista riuscisse a prevalere sulla struttura tradizionale del potere oligarchico, con l'assassinio del leader della sinistra liberale, Jorge Eliécer Gaitán, il paese ricadde nelle mani della destra conservatrice.

Con la presidenza di Laureano Gómez, un conservatore cattolico integralista, con cui la classe dominante tentava di arginare le domande di trasformazione espresse dalla sinistra liberale, si assiste alla violenta diffusione della guerriglia in tutte le aree rurali del paese. L'incapacità del governo di riequilibrare le tensioni sociali determinerà l'intervento diretto dei militari che, dopo aver abbattuto il regime di Gómez nel 1953, affidarono il governo al generale Gustavo Rojas Pinilla (1954-58). Nemmeno il nuovo presidente riuscirà a sconfiggere la violenza, sempre piú crescente nelle campagne, anche se potrà contare su una base di appoggio sostanzialmente solida tra le classi medie e tra gli operai urbani.

In previsione della competizione elettorale del 1958, i liberali e i conservatori stabilirono un patto di alternanza al potere che ottenne il consenso non solo della Chiesa ma anche delle forze armate. La nuova convergenza di forze determinerà la liquidazione del regime di Rojas Pinilla, e segnerà l'inizio di un lungo periodo di stabilità politica. Attraverso questo patto, formalmente democratico-costituzionale, i liberali e i conservatori finiranno per riconoscersi in un progetto politico neoconservatore, capace di contenere l'avanzata delle classi popolari e di limitare il processo di democratizzazione del paese.

Dopo il 1958, pertanto, la Colombia sarà governata dalla soluzione politica derivata da questa alleanza, cosiddetta del Frente Nacional, che prevedeva l'alternanza dei conservatori e dei liberali alla presidenza della repubblica, a cui doveva corrispondere la collaborazione dei due partiti nell'esercizio del potere legislativo. Si susseguirono cosí questi quattro governi: Alberto Lleras Camargo (1958-62), liberale; Guillermo León Valencia (1962-66), conservatore; Carlos Lleras Restrepo (1966-70), liberale; Misael Pastrana Borrero (1970-74), conservatore.

L'alternanza liberal-conservatrice, tuttavia, non sarà in grado di imporre sensibili trasformazioni nella vita sociale e politica del paese. Non vi riusciranno soprattutto i governi dei due primi presidenti, la cui rigida politica economica aumenterà il malcontento delle classi popolari. Anche la moderata apertura del presidente León Valencia sarà duramente osteggiata dal Frente Nacional.

L'immobilismo politico del Frente Nacional, che assicurava la stabilità costituzionale al regime liberal-conservatore, durerà ininterrottamente per piú di quindici anni, sino all'elezione del liberale Alfonso López Michelsen (1974-78), che sarà eletto con il 56 per cento dei suffragi senza preventivi accordi politico-istituzionali. Durante il lungo periodo di governo, il Frente Nacional non cedette ai contraccolpi della guerriglia, né alle tendenze autoritarie presenti nelle forze armate, né tantomeno cedette di fronte all'opposizione parlamentare dei liberali dissidenti, che in ogni caso poté essere facilmente assorbita dal sistema.

6. *Il nazionalismo economico: il Messico*.

Il Messico è certamente il paese dell'America latina che presenta un processo politico piú lineare, fortemente strutturato sulle istituzioni nate dalla rivoluzione, che assicureranno la continuità della coesione statale e dell'unità nazionale.

Lungo le fasi di formazione del nuovo Stato, il nazionalismo si definisce progressivamente intorno a due istituzioni fondamentali per l'intero sistema politico: il presidente della repubblica e il partito rivoluzionario. Il presidente diventerà l'elemento centrale per il consolidamento dello Stato; la continua espansione del suo potere si spiega, infatti, in relazione alle colossali trasformazioni che dovranno essere affrontate dai governi postrivoluzionari, soprattutto per attuare la riforma agraria e l'industrializzazione del paese. Il partito rivoluzionario sarà lo strumento basilare per riorganizzare le masse e l'intera società civile in funzione degli obiettivi da realizzare, garantendo la forza e la legittimità del potere rivoluzionario. Infatti, le successive ristrutturazioni del partito (Partido nacional revolucionario, 1929; Partido de la revolución mexicana, 1938; Partido revolucionario institucional, 1946) corrispondono sistematicamente alle fasi direttrici della politica messicana, e precisamente: alla definizione e all'accentramento delle forze rivoluzionarie, alla ricerca del consenso delle masse e, infine, all'organizzazione generale delle istituzioni nazionali in funzione del processo di industrializzazione.

Con la presidenza di Lázaro Cárdenas lo Stato diventa a pieno titolo la forza di controllo della società, il fattore organizzativo e propulsivo da cui dipenderà il funzionamento e lo sviluppo del paese.

Il governo cardenista aveva reimpostato la dipendenza del movimento operaio dal governo, mediante l'adozione di un tipo di controllo burocratico-corporativo. Nel contempo era riuscito a legare organicamente i contadini al progetto del nazionalismo rivoluzionario, imprimendo nuovi ritmi alla suddivisione della terra, in attuazione delle leggi di riforma agraria. Infine, attraverso le espropriazioni delle società petrolifere nordamericane, con la loro sostituzione mediante l'impresa statale (la Pemex, l'azienda di Stato per il petrolio), e la creazione di numerose società statali, soprattutto la Financiera Mexicana, l'ente statale per il coordinamento degli investimenti, il cardenismo aveva gettato le basi per promuovere il processo di industrializzazione nazionale, che darà allo Stato una capacità di controllo dello sviluppo industriale senza eguali nella storia dei paesi latinoamericani.

Entro questa eccezionale funzione dirigista dello Stato, quale si era affermata con Cárdenas, si articolano i principali momenti dello sviluppo messicano: la fase di industrializzazione (1940-58), la fase di sviluppo stabilizzante (1958-71) e, infine, la fase di sviluppo distribuito (1971-81).

Durante la presidenza di Manuel Ávila Camacho (1940-1946), la nuova direzione imposta all'economia, che tenderà ad avviare l'industrializzazione controllata e un rinnovato impegno per l'attuazione della riforma agraria, determinerà una grave contrazione della produttività agricola, ulteriormente aggravata dal rapido incremento demografico. La caduta della produttività coincideva con l'incremento della domanda di consumi, nelle città come nelle campagne, per effetto della svolta ridistributiva iniziata dalla politica cardenista. In questo periodo, con la creazione di numerose imprese statali si intensifica il processo di industrializzazione diretto e organizzato dallo Stato. La capacità di controllo dello Stato si esplicita soprattutto nel ruolo che questo ebbe nella stipulazione dei patti aziendali, tra i lavoratori e le associazioni degli imprenditori.

Successivamente, con la presidenza di Miguel Alemán (1946-52), una cospicua parte degli investimenti pubblici incomincerà ad essere orientata nel settore agricolo, specialmente nelle opere di bonifica e di canalizzazione, che tuttavia finiranno per favorire il settore commerciale dell'agricoltura, e specialmente le attività agricole controllate dalla proprietà privata. Il risultato piú diretto di questo orientamento sarà il rapido miglioramento dei livelli di produttività agricola.

In questa fase dell'economia messicana proiettata verso l'industrializzazione, che rafforzerà la tendenza a inglobare entro lo Stato ulteriori settori dell'attività economica, si viene configurando parallelamente una nuova linea politica. In altri termini, si consolida un orientamento verso l'autoritarismo, che si esprime in una forma di controllo piú verticale del rapporto tra lo Stato e le organizzazioni dei lavoratori. Alemán riuscirà addirittura a promuovere una rigida epurazione all'interno della Confederación de Trabajadores Mexicanos, mediante l'espulsione dal sindacato dei comunisti e dello stesso Vicente Lombardo Toledano, leader storico dei sindacati operai. La linea strategica governativa di controllo dei vertici sarà adottata anche all'interno del partito nazionale e dell'équipe governativa. Nei precedenti governi la suprema magistratura esprimeva essenzialmente un ruolo arbitrale rispetto alle parti sociali: in questa nuova fase il presidente tenderà piuttosto a consolidare la propria funzione di capo dell'esecutivo, ampliando pertanto i propri poteri legali e reali. In questo modo, consolidando una linea politica che si era già delineata precedentemente, il sistema politico operava una svolta a destra, per favorire l'affermazione di una nuova borghesia che si stava consolidando sulla scia del processo di industrializzazione.

Un sostanziale cambiamento di rotta, tuttavia, si avrà con il governo di Adolfo Ruíz Cortínez (1952-58), che imposterà una politica di conciliazione con il movimento operaio, soprattutto dopo la svalutazione monetaria del 1954, dimostrando un concreto interesse per i problemi dei settori popolari. Tra le più importanti misure adottate da questo governo, per riequilibrare le tensioni e riarticolare il sistema politico, deve essere ricordato un complesso programma economico generale di tipo ridistributivo, finalizzato a incrementare il potere d'acquisto delle masse lavoratrici urbane e contadine, degli impiegati statali e dell'esercito. L'attuazione di questo programma renderà necessaria una nuova ristrutturazione delle organizzazioni dei lavoratori, onde perfezionare ulteriormente i meccanismi statali di controllo sulle forme associative sindacali. Pertanto, nel 1955 il governo promuoverà la costituzione del Bloque de Unidad Obrera, per ridefinire il ruolo egemonico della Confederación de Trabajadores Mexicanos nei confronti dei sindacati storici della sinistra, la Confederación General del Trabajo e la Confederación Regional Obrera Mexicana. Questo nuovo controllo sulle classi lavoratrici diventava indispensabile di fronte alle ristrutturazioni imposte alle imprese statali che partecipavano direttamente al processo di industrializzazione, particolarmente nei settori del petrolio, dell'elettricità, delle ferrovie, e all'istruzione universitaria.

La crescita accelerata dell'economia, quale diretto effetto dell'industrializzazione, determinerà presto una rilevante polarizzazione dei redditi. La modernizzazione industriale, infatti, non aveva potuto coinvolgere organicamente le masse entro i benefici della crescita economica. Pertanto, soprattutto durante la presidenza di Adolfo López Mateos (1958-64) il governo sarà costretto ad avviare una nuova strategia economica, sociale e amministrativa, finalizzata a stabilizzare lo squilibrio che derivava dall'industrializzazione.

La nuova strategia, in ampia misura, sarà condizionata da un'importante mobilitazione delle classi lavoratrici, avviata nel 1958 dai sindacati per rivendicare una diversa politica salariale e, soprattutto, per avviare un riassetto piú democratico e indipendente dallo Stato delle organizzazioni dei lavoratori. Il movimento delle classi lavoratrici, che otterrà anche l'appoggio degli studenti, sarà represso duramente nel corso del 1959, anche ricorrendo, come nel caso dei ferrovieri, all'incarcerazione dei leader operai e all'occupazione militare dei focolai di contestazione.

Le misure adottate da López Mateos per contenere la conflittualità popolare dovevano comunque tendere a coordinare anche l'azione complessiva dello Stato entro un piano di revisione dello sviluppo economico del paese. Su questa linea fu intrapresa una politica di regolamentazione dei salari, mediante l'istituzione di una Comisión nacional del salario mínimo, e si cercò di unificare i diversi criteri di negoziazione tra i lavoratori e le imprese. Allo stesso modo, con una serie di provvedimenti normativi, e con la creazione di specifici organismi di controllo, si riorganizzò la pubblica amministrazione, quale presupposto per l'attuazione di un piano generale di sviluppo.

Con questo progetto di politica economica (denominato *Plan de acción inmediata, 1962-64*) il governo si proponeva, soprattutto, l'attuazione di sensibili miglioramenti di carattere sociale nei servizi assistenziali e nella pubblica istruzione, e di carattere economico, come il rilancio dell'agricoltura e l'intensificazione del processo di sostituzione delle importazioni. In tal modo, incrementando in maniera capillare il controllo, il coordinamento e la programmazione delle imprese pubbliche, veniva riconfermata la natura di quella politica governativa che, a partire dal 1934, aveva dato origine all'impronta fortemente statalista, populista e nazionalista del sistema politico messicano. Peraltro, anche sotto il governo di López Mateos, la politica nazionalista non potrà fare a meno di ricorrere all'intensificazione degli investimenti stranieri, privati e pubblici, in funzione strettamente complementare agli investimenti statali messicani.

La politica economica inaugurata da López Mateos continuerà a caratterizzare anche il successivo governo di Gustavo Díaz Ordaz (1964-70). Anche questo presidente, infatti, proporrà un programma generale di sviluppo analogo a quello del suo predecessore, denominato *Plan de desarrollo economico y social, 1966-70*, la cui attuazione incontrerà immediatamente una radicale opposizione, anche da parte dei ceti medi, studenti, professionisti e intellettuali.

In seguito a un'importante vertenza dei medici, e al generale radicalizzarsi della conflittualità sociale nelle città e nelle campagne, a cui farà seguito un'imponente mobilitazione giovanile studentesca, il governo reagirà con una netta svolta a destra, intensificando i caratteri autoritari e repressivi del sistema politico. La reazione governativa deve anche essere vista in relazione ai sintomi di erosione che si registravano all'interno di uno dei pilastri basilari del sistema politico, il Partido Revolucionario Institucional. Questa incrinatura all'interno del partito egemone nasceva dalla progressiva trasformazione della figura del presidente nel «maximo representante del orden». In questo modo il sistema politico tendeva a disequilibrarsi, favorendo il polo borghese, che aveva la necessità di consolidare le proprie posizioni di fronte alle nuove domande di partecipazione politica delle classi popolari, e la nuova componente tecnocratica statale, che esigeva un rafforzamento delle funzioni centrali di controllo.

L'autoritarismo di Díaz Ordaz, tuttavia, non era sufficiente a riequilibrare le tendenze centrifughe presenti nel sistema politico. Sarà quindi necessario sviluppare una nuova linea politica fondata sostanzialmente su un'accentuata subordinazione allo Stato delle componenti popolari come delle componenti borghesi. Cosí, attraverso una riproposizione del populismo, il governo di Díaz Ordaz tenderà ad accentuare ulteriormente la subordinazione del movimento operaio e contadino. Riuscirà pertanto a garantirsi i necessari appoggi per reprimere il movimento studentesco e, contemporaneamente, potrà contenere la pressione delle forze imprenditoriali, attraverso l'impostazione di una politica ridistributiva favorevole alle classi medie.

Nel sistema politico messicano, come è dimostrato dalle scelte governative che si sono susseguite nel periodo 1945-1975, si trovano a coesistere due tendenze, una di continuità e l'altra di discontinuità. La prima tendenza è data soprattutto dalla presenza di una reale stabilità all'interno dell'assetto costituzionale e delle istituzioni su cui il sistema si sorregge. Questa stabilità è restata sostanzialmente inalterata per tutto il periodo 1930-60, tanto da permettere al governo di Díaz Ordaz di superare le proprie crisi interne adottando soluzioni politiche simili a quelle adottate da Cárdenas. La seconda tendenza è data dalla possibilità che il sistema politico offre alle singole formazioni governative, senza richiedere necessariamente l'affermazione di alterazioni strutturali o istituzionali, di attuare indifferentemente o una politica neopopulista (Ávila Camacho, Ruíz Cortínez), o una neoconservatrice (Alemán, López Mateos, Díaz Ordaz), a seconda delle necessità espresse dal processo di trasformazione economica e sociale.

7. *Il nazionalismo rivoluzionario: la Bolivia.*

La rivoluzione in Bolivia del 1952, dopo la rivoluzione messicana, costituisce il primo importante tentativo di trasformazione della società che si sia verificato nel continente latinoamericano. E, contemporaneamente, costituisce un esempio tra i piú significativi della progressiva evoluzione del populismo tradizionale verso un nuovo populismo riformatore.

I problemi economici e sociali della Bolivia, che diedero origine a questo particolare esperimento rivoluzionario, risalgono alla guerra del Chaco, sostenuta contro il Paraguay negli anni 1932-35. In seguito alla sconfitta militare, la classe dominante boliviana – latifondisti e grandi proprietari minerari – non potrà piú sostenere una gestione monopolistica del potere, di fronte a una situazione di forte mobilitazione politica delle classi medie e, soprattutto, dei ceti popolari. Le stesse forze armate, a causa della sconfitta militare, tenderanno a emanciparsi dallo stato di subordinazione nei confronti delle classi oligarchiche detentrici del potere. In questa situazione, nel corso degli anni 1936-40, i militari tenteranno di avviare un programma di riforme, che sarà duramente contrastato dalle tre principali società minerarie produttrici di stagno, la Patiño, la Aramayo e la Hoschschild.

Con l'elezione alla presidenza della repubblica del generale Enrique Peñaranda del Castillo, sembrava che l'opposizione della classe dominante alle riforme si fosse ridimensionata. Tuttavia, all'inizio degli anni '40 la mancata nazionalizzazione dello stagno accentuò la mobilitazione politica popolare, che raggiungerà la sua fase piú acuta nel 1942. A questi fermenti popolari, il governo rispose con una violenta repressione, che si dimostrò particolarmente acuta durante un imponente sciopero dei minatori. Tra le forze dell'opposizione, che comprendeva anche il partito della sinistra rivoluzionaria (comunista) e i gruppi trotskisti, si affermava sempre piú consistentemente il Movimiento Nacionalista Revolucionario (Mnr) che, sebbene influenzato dall'ideologia fascista, veniva configurandosi come un movimento interclassista guidato dai ceti medi, e portatore di un progetto di rivoluzione nazionale.

Nel 1944 un nuovo colpo di Stato depone Peñaranda e instaura un governo guidato dal colonnello Gilberto López Villarroel, che inizialmente potrà garantirsi l'appoggio del Partido Obrero Revolucionario (Por), di tendenza trotskista. Il nuovo governo, tuttavia, non potrà realizzare il proprio progetto riformatore per la forte opposizione della classe dominante. L'intensificazione della mobilitazione popolare, condizionata fortemente dall'inflazione, dalla carenza di prodotti essenziali e dal deterioramento delle condizioni di vita delle classi povere, favorirà un'ulteriore crescita del Mnr e del Por. La crisi si risolverà solo con un ennesimo colpo di Stato nel 1946, che deporrà il governo di Villarroel e segnerà l'inizio del potere dei gruppi politici tradizionalmente legati alla classe dominante.

L'atteggiamento politico dei militari boliviani dopo la guerra del Chaco, a differenza di quanto avviene negli altri paesi latinoamericani, dimostra che questi non riuscirono a esprimere un ruolo di mediazione determinante tra le istanze populiste e quelle neoconservatrici. Intanto, in questo periodo i militari scoprivano le drammatiche condizioni di vita delle classi popolari, soprattutto degli indios e dei meticci dei distretti minerari o delle aree rurali, e verificavano la ferma opposizione della classe dominante – la *rosca* – a qualsiasi programma riformatore. Questa situazione di relativo isolamento dei militari, sia nei confronti della destra sia nei confronti della sinistra, ci permette di comprendere il motivo per cui i gruppi tradizionali poterono facilmente riappropriarsi del potere. Infatti, il nuovo presidente Enrique Hertzog proviene precisamente dalla Unión Republicana Socialista, una formazione politica di estrazione cattolica e conservatrice.

Solo successivamente, in occasione delle elezioni presidenziali del 1951, il leader del Mnr, Victor Paz Estenssoro, riuscirà a ottenere il maggior numero di suffragi. Di fronte a questo successo elettorale, la destra tenterà un colpo di Stato per invalidare le elezioni. Il tentativo dei conservatori fallirà per la reazione di un gruppo di militari costituzionalisti che, con un vasto appoggio popolare, poterono insediare al potere il presidente legalmente eletto.

Le prime importanti misure adottate dal governo rivoluzionario sono finalizzate a sopprimere il vecchio ordine oligarchico, anche attraverso la ristrutturazione dell'esercito e la formazione di milizie operaie e contadine. Le leggi di nazionalizzazione delle miniere di stagno e la costituzione di un ente nazionale denominato Comibol, insieme alle leggi di riforma agraria e di cogestione delle imprese statalizzate, sono provvedimenti che indicano con chiarezza il contenuto di rinnovamento espresso dal governo del Mnr.

Queste misure rivoluzionarie, con le quali per la prima volta i ceti popolari e le classi medie assumevano il ruolo di protagonisti nella vita nazionale, esprimono un contenuto politico complessivo che differenzia profondamente l'esperienza rivoluzionaria boliviana dai populismi argentino e brasiliano, avvicinandola piuttosto all'altra grande rivoluzione latinoamericana, la rivoluzione messicana. Tuttavia, anche la rivoluzione boliviana presenterà una configurazione neopopulistica, almeno relativamente al suo progetto di fondo: la promozione di una trasformazione del paese in funzione degli interessi dei ceti medi.

Ben presto sarà evidente che le riforme non apportavano le trasformazioni necessarie per migliorare il livello di vita delle classi popolari. Infatti, la nazionalizzazione delle miniere prevedeva eccessivi indennizzi per i vecchi proprietari, e la stessa riforma agraria si realizzò solo parzialmente, non risolvendosi pertanto lo storico problema della liberazione totale della popolazione india contadina dalla servitú. Per contro, le riforme sociali che si realizzarono direttamente (incremento dei salari) o indirettamente (riduzione dei ritmi di estrazione dei minerali), congiuntamente alla caduta del prezzo dello stagno sul mercato internazionale, finirono per determinare un gravissimo processo inflazionistico.

Di fronte a questi gravi problemi economici, si verificava anche una progressiva incrinatura politica del fronte rivoluzionario tra i ceti medi e le classi popolari. Il Mnr, che già alla fine del 1953 aveva rinunciato a uno dei principî rivoluzionari, decidendo di pagare gli indennizzi delle nazionalizzazioni, per risolvere la drammatica crisi economica e politica opterà per una politica piú moderata. Questa svolta si concretizzerà nell'accettazione degli aiuti finanziari statunitensi, necessari per coprire il disavanzo statale e il passivo della bilancia dei pagamenti, che comporterà una politica di riduzione della spesa pubblica e una politica economica complessivamente deflattiva. In questa situazione si aggraveranno ulteriormente le condizioni di vita delle classi medie e popolari, mentre non si determinerà alcun miglioramento sostanziale nell'economia generale del paese.

Nel 1956, a causa della progressiva subordinazione della rivoluzione agli interessi nordamericani, il Mnr potrà ancora fare eleggere alla presidenza della repubblica il proprio candidato, Hernan Siles Zuago. Durante il suo mandato presidenziale (1956-60), Siles Zuago avvierà un progressivo avvicinamento del Mnr ai gruppi tradizionali oligarchici, iniziando cosí una tendenza politica finalizzata al pluripartitismo e al potenziamento dei meccanismi dell'economia di mercato. Questa tendenza, da un lato provocherà un'ulteriore disgregazione interna del fronte del Mnr, con la ricerca di maggiore autonomia delle singole componenti sociali, e dall'altro determinerà l'espansione della destra, soprattutto nelle aree urbane, favorendo la crescita di una struttura politica di ispirazione fascista, la Falange Socialista Boliviana.

Con la presidenza di Victor Paz Estenssoro, che sarà eletto nel 1960 e successivamente rieletto nel 1964, il fronte rivoluzionario è virtualmente dissolto, e lo stesso Mnr perde ogni potere di rappresentatività. In un clima di continue tensioni, ripetutamente e violentemente represse dal governo, nel 1964 il Mnr sarà estromesso dal potere con un colpo di Stato militare, guidato dal generale René Barrientos Ortuño.

Tra le prime misure adottate dalla dittatura militare di Barrientos, la piú rilevante sarà certamente lo scioglimento dell'organizzazione sindacale dei lavoratori dello stagno, guidata da Juan Lechín, mentre si accentuava la sottomissione del paese agli interessi economici nordamericani, mediante la cessione integrale dei distretti petroliferi boliviani alla Gulf Oil Company.

Il governo di Barrientos riuscirà a controllare il malcontento popolare, soprattutto degli operai e delle classi medie, mediante il ricorso combinato a politiche del terrore e a procedure di tipo paternalistico-clientelari. La stessa resistenza delle formazioni di guerriglia, guidate dall'Ejército de Liberación Nacional, che operavano nelle aree marginali – dove trovò la morte Ernesto Guevara –, non riuscirà a scalfire il potere di Barrientos. La dittatura poteva contare infatti su due formidabili armi: l'adesione dei contadini e l'appoggio incondizionato dell'esercito. Solo quando l'appoggio dell'esercito venne meno, nel 1971, il regime soccomberà di fronte a una nuova soluzione governativa, capeggiata dal generale Banzer, con caratteristiche fortemente autoritarie e sostenuta dai nuovi interessi economici presenti nell'area orientale del paese.

L'esperienza neopopulista boliviana dimostra tutta l'insufficienza e tutti i limiti di un progetto politico e sociale che aveva essenzialmente la finalità di ridistribuire il potere politico ed economico, anziché di introdurre nel paese le necessarie e definitive trasformazioni di struttura.

8. *Il nazionalismo militare: il Perú.*

Come avvenne in Bolivia, anche in Perú tenderà ad affermarsi un sistema politico di tipo nazionalista e neopopulista, dopo una serie di alternanze al potere di progetti conservatori e riformisti. Queste alternanze, peraltro, si affermeranno senza produrre alcuna sostanziale modificazione economica e sociale capace di ridefinire il sistema di potere. La radicale trasformazione avverrà solo dopo il colpo di Stato militare del 1968, che determinerà la formazione di nuovi equilibri complessivi e il definitivo ridimensionamento della tradizionale struttura di potere.

Le fasi del processo politico peruviano, quali si delineano a partire dal 1945, sono fortemente condizionate dalla presenza di due importanti elementi, di cui uno di natura strutturale ed economica, e l'altro di natura politica.

Il primo elemento è costituito dalla particolarità dell'economia peruviana, caratterizzata da una tipica configurazione dualistica. Questa è data dall'affermazione di un'economia moderna nella regione della costa, di tipo capitalista, cui continua a contrapporsi un'economia tradizionale, di tipo feudale o semifeudale, nella regione andina. Gli effetti di questa struttura dualistica dell'economia e della società peruviana non subiranno sensibili mutamenti, nel corso dei decenni, rispetto alla situazione che aveva individuato José Carlos Mariátegui negli anni '20. Il principale effetto di questa situazione è rappresentato dalla continuità di un sistema politico manovrato da una potente oligarchia che in Perú, a differenza di quanto avviene in altre aree latinoamericane, almeno sino al 1968 non presenta una rilevante tendenza alla disarticolazione, né registra una sostanziale perdita di potere politico ed economico.

L'altro elemento, molto importante per la composizione dei sistemi politici peruviani, è costituito dalla presenza della Alianza Popular Revolucionaria Americana (Apra). Nata anch'essa come effetto della disarticolazione delle economie latinoamericane degli anni 1920-30, la Apra tenderà progressivamente a caratterizzarsi come un movimento di tipo populista diretto dai ceti medi. Dopo un lungo periodo di semiclandestinità (1932-45), la Apra riuscirà a conquistare una rilevante importanza per la composizione del sistema politico peruviano, sebbene la classe dominante cercherà sempre di impedire a quest'organizzazione la completa integrazione nella vita politica del paese.

Solo con le elezioni del 1945 la Apra potrà accedere alla politica istituzionale per appoggiare la candidatura di José Luis Bustamante. Nel corso della presidenza di Bustamante (1945-48), la lotta politica degli apristi si concentrerà sul tema delle riforme, incontrando la ferma opposizione dei conservatori e degli interessi oligarchici più vincolati al capitale straniero. La crisi politica si risolverà solo con un colpo di Stato che, eliminando la Apra dal gioco politico, darà inizio alla cosiddetta «Revolución restauradora», a una dittatura militare guidata dal generale Manuel Odría (1948-56).

La dittatura di Odría assume presto il carattere di una vera e propria restaurazione, che si esprimerà, soprattutto, nell'azione di contenimento delle domande politiche e sociali delle classi lavoratrici, che avevano ottenuto un certo riconoscimento durante il governo di Bustamante. La politica di Odría era perfettamente adeguata alla strategia delle oligarchie, orientata a impedire che la Apra si trasformasse in un partito capace di guidare un blocco di alleanza tra le classi medie e le classi popolari. Questa strategia oligarchica era funzionale alla necessità di ristabilire un nuovo equilibrio tra la costa e la sierra, in quanto il precedente equilibrio si era alterato per effetto del rapido impoverimento della sierra.

Durante la presidenza di Odría, nella società peruviana si producono rilevanti mutamenti, dovuti principalmente a un'accentuata mobilità delle classi popolari e a un intenso processo di urbanizzazione, che determinò la crescita del sottoproletariato e il rilevante rafforzamento della classe media urbana. Questi sono precisamente i nuovi strati sociali che costituiranno la base di massa del Partido de Acción Popular, fondato nel 1956 da Fernando Belaunde Terry. Nel contempo, anche il proletariato urbano e minerario rafforzava le proprie posizioni, mediante una maggiore organizzazione delle sue forze entro i sindacati, principalmente nella Confederación de Trabajadores del Perú.

Nel 1955, quando la dittatura si dimostrò incapace di fronteggiare la crisi economica, sarà la stessa destra a sollecitare la convocazione di elezioni generali. Pertanto, le elezioni del 1956 portarono alla presidenza il candidato della destra, Manuel Prado, grazie all'appoggio della Apra, che superò il candidato odriista Hernando de Lavalle.

Alla fine degli anni '50, anche le forze armate iniziano un processo di trasformazione, caratterizzato soprattutto da una ridefinizione della professionalità dei militari di carriera e da un'impostazione di tipo tecnocratico. Questa trasformazione determinerà una progressiva politicizzazione dei militari e la loro partecipazione al sistema politico come forza autonoma, dissociata dall'oligarchia e ostile all'aprismo. Il nuovo ruolo dei militari si espliciterà nel 1962, quando interverranno direttamente nella gestione del potere politico.

Nel 1962, infatti, i militari imposero l'annullamento delle elezioni presidenziali vinte da Victor Raúl Haya de la Torre, il leader storico della Apra, che era stato appoggiato dalla classe dominante. In quella circostanza i militari imposero al paese una giunta di governo provvisoria, guidata dal generale Ricardo Pérez, e successivamente dal generale Nicolás Lindley.

L'anno successivo, come era previsto, furono indette nuove elezioni: vinte questa volta da Belaunde Terry, leader di Acción Popular, sconfitto nella precedente consultazione elettorale. Tra i motivi del successo di Belaunde Terry deve essere segnalato l'appoggio che questi ebbe da quel settore della gerarchia ecclesiastica che negli anni '50 aveva incominciato a distanziarsi dai conservatori. Inoltre, il suo programma di governo prevedeva l'attuazione di una serie di riforme capaci di attrarre i militari, le classi medie e i settori della borghesia imprenditoriale.

Nel corso del suo mandato presidenziale (1963-68), tuttavia, Belaunde non riuscirà a comporre un blocco compatto tra i militari, gli imprenditori industriali e le classi medie; del resto, neppure sarà in grado di ottenere pienamente l'appoggio delle classi popolari. Al contrario, il suo governo sarà caratterizzato da una forte conflittualità sociale, che si esprimerà nella nascita della guerriglia, nelle nuove forme di lotta dei *comuneros* indigeni della sierra. Sul versante parlamentare, questo governo incontrerà la dura resistenza dell'opposizione aprista, odriista e conservatrice. Progressivamente l'alleanza riformista di Belaunde Terry incomincerà a dissolversi, sino alla crisi politica del 1968, quando il governo deciderà la svalutazione della moneta e firmerà un accordo con la International Petroleum Company per lo sfruttamento del petrolio peruviano.

Il colpo di Stato del 3 ottobre 1968 pone fine a questa caotica fase della vita politica peruviana. Veniva cosí iniziata una nuova forma di governo dei militari, per certi aspetti assolutamente inedita nel contesto latinoamericano, di neopopulismo riformatore e nazionalista, che si propose immediatamente di dare l'avvio a quelle trasformazioni strutturali che il precedente sistema politico non aveva saputo imporre: la riforma agraria e la nazionalizzazione delle risorse naturali.

Sotto la presidenza del generale Juan Velasco Alvarado (1968-75), i militari peruviani intrapresero la strada delle riforme, che dovevano essere la forza trainante della loro soluzione politica: una terza via tra il comunismo e il capitalismo. In breve tempo fu decretata una riforma agraria sulla costa, che restituiva allo Stato i principali fattori produttivi, e sulla sierra, dove era orientata a ricostituire le comunità contadine. Altrettanto importante sarà la riforma bancaria, con cui si nazionalizzò il credito e si impose il controllo dello Stato sugli investimenti stranieri e, infine, la nazionalizzazione delle risorse naturali, il rame e il petrolio.

Le riforme dei militari nascono dall'esigenza di modernizzare il paese attraverso un sistema di economia mista, capace comunque di tutelare i valori, lo status e i redditi delle classi medie. L'impostazione che guida le riforme corrisponde alla scelta di organizzare l'economia del paese in tre scomparti, demandando allo Stato la gestione dell'industria di base, al capitale privato l'industria manifatturiera, e riservando la partecipazione del capitale straniero ad alcuni settori dell'economia, in particolare al settore minerario, in forma controllata.

La connessione tra le riforme e l'appoggio popolare fu organizzata attraverso il Sistema Nacional de Apoyo a la Movilización Social (Sinamos), appositamente creato nel 1972 per istituzionalizzare «la collaborazione civili-militari nel processo rivoluzionario», con la triplice funzione di stimolare la partecipazione delle masse alle scelte di politica economica, promuovere il decentramento burocratico, coordinare lo sviluppo economico e sociale.

Attraverso le riforme, e in questo consiste la caratteristica basilare del neopopulismo peruviano, i militari si propongono un articolato risultato: l'incremento della produttività, l'ampliamento del mercato, il riordinamento della vecchia oligarchia. Tuttavia, il volontarismo dei militari dovrà scontrarsi con la resistenza delle organizzazioni politiche, principalmente della Apra, e con le tensioni presenti all'interno delle stesse forze armate. Infatti, con la sostituzione di Velasco Alvarado e l'insediamento del generale Francisco Morales Bermudez (1975-80), incominceranno a emergere i limiti del progetto dei militari, che è essenzialmente il limite degli altri tipi di neopopulismo latinoamericano: la necessità, per garantirsi la sopravvivenza, di promuovere una costante ridistribuzione dei redditi.

9. *Il progressismo e la reazione in Cile*.

L'evoluzione politica del Cile, quale si configura sino al colpo di Stato del 1973, indica che questo paese si caratterizza per l'affermazione di una soluzione neopopulista progressista, unica nella storia latinoamericana, le cui origini risalgono agli anni '30.

L'esperienza del Frente Popular nel 1938 aveva dimostrato che il progetto riformista delle classi medie e dei ceti popolari non era riuscito ad affermarsi a causa della radicale opposizione dei gruppi e dei partiti oligarchici. Tuttavia, il Frente Popular dimostrò anche alla classe dominante tutti i limiti del progetto conservatore che questa esprimeva.

In Cile il populismo si affermò concretamente dopo il 1948, sebbene anche in quel momento questa soluzione si presentasse parzialmente mascherata dietro i partiti che si opponevano all'espansione elettorale delle sinistre, relegando nell'illegalità il partito comunista e tentando di cooptare le centrali sindacali entro i disegni della politica governativa.

Solo dopo il 1955, sotto la spinta della recessione economica, si verificherà una rinascita delle attività politiche e sindacali, che favorirà le forze della sinistra. L'ampliamento del corpo elettorale tra il 1958 e il 1962, tuttavia, rafforzerà solo relativamente il partito comunista e il partito socialista, mentre intensificherà rilevantemente l'incidenza politica del partito democratico-cristiano, che ben presto assumerà la funzione di principale forza politica del paese. Questo partito saprà sfruttare abilmente le strutture organizzative della Chiesa cattolica (giornali e parrocchie) e tenderà a egemonizzare la destra parlamentare, rappresentata dai liberali e dai conservatori, soprattutto utilizzando il declino politico del partito radicale. In questo modo, e senza grandi trasformazioni nel sistema dei partiti, il partito democratico-cristiano assumerà la direzione delle classi medie e popolari favorevoli a un progetto riformatore di tipo democratico.

Nel corso della presidenza di Jorge Alessandri (1958-64) emerge con evidenza l'incapacità dei partiti di centro e di destra (radicali, liberali e conservatori) di garantire la stabilità, entro le linee di un sistema neoconservatore, nella gestione del paese. In questa situazione, a causa del rafforzamento dei partiti di sinistra e del rilevante peso politico del partito democratico-cristiano, si presenteranno due possibili alternative per il superamento della crisi: la prima è quella neopopulista riformista, sostenuta dal partito democratico-cristiano; l'altra è quella progressista, espressa dall'alleanza tra i socialisti e i comunisti. Tra queste due possibilità le destre opteranno per quella meno dolorosa, e scelsero perciò di appoggiare la soluzione proposta dal partito democratico-cristiano, rappresentata dal suo candidato alla presidenza, Eduardo Frei.

Il successo elettorale di Frei, che vinse le elezioni con il 43,6 per cento dei suffragi, determinerà una forte contrazione del peso politico dei liberali e dei conservatori, che solo successivamente riconquistarono un certo prestigio nella competizione politica, quando decisero la loro unificazione nel Partido Nacional. La scelta della destra a favore del candidato democratico-cristiano indica la forte presenza nel paese di questa forza politica, che non si può spiegare solamente in relazione al rilevante appoggio che essa otterrà dai tradizionali settori che detenevano il potere economico (latifondisti, industriali e commercianti). L'espansione eccezionale del partito neopopulista deve anche essere vista in relazione alla sua capacità di sviluppare, nel corso degli anni '50, un meccanismo politico in grado di assorbire un certo consenso tra il sottoproletariato urbano.

Il programma democratico della presidenza di Frei (1964-1969) presentava alcuni aspetti fortemente innovativi, capaci di stimolare una profonda riorganizzazione della società, della politica e dell'economia del paese. Tra gli aspetti piú avanzati di questo progetto, che risultarono determinanti per conseguire l'adesione della Chiesa e di un consistente settore della classe media, deve essere rilevata la maggiore partecipazione delle classi popolari al processo di trasformazione del paese, particolarmente attraverso l'attuazione di una riforma agraria. Infatti, ancora nel 1965, solo l'1,5 per cento dei proprietari terrieri possedeva circa il 70 per cento della superficie coltivabile, mentre il 36,7 per cento dei redditi agricoli era percepito solamente dal 3 per cento dei proprietari. Il programma di Frei prevedeva altresí una diversa gestione dello Stato da parte delle classi medie. La realizzazione di queste trasformazioni strutturali presupponeva un ridimensionamento del tradizionale ruolo delle classi dominanti, e imponeva anche la stessa ridefinizione del rapporto preesistente con gli Stati Uniti, in quanto il capitale nordamericano avrebbe dovuto accettare di gestire insieme allo Stato la produzione e la commercializzazione delle materie prime.

Per realizzare il passaggio dalla precedente struttura di dipendenza, caratterizzata da un rapporto privilegiato tra la classe oligarchica e il capitale nordamericano, a una nuova organizzazione basata sull'alleanza del capitale nordamericano con le classi medie, era necessario che il partito democratico-cristiano potesse contare su una maggioranza assoluta in parlamento. Il progetto di Frei, invece, fu ostacolato non solo dalla destra e dai radicali, ma anche dalla stessa alleanza social-comunista, che intuí subito la natura populista e riformista del disegno democratico-cristiano.

Le riforme di Frei, pertanto, si dimostrarono insufficienti rispetto alle aspettative popolari, mentre invece erano considerate troppo avanzate, e quindi pericolose, per la classe dominante. Le riforme allarmarono anche il governo nordamericano e il capitale straniero, a causa del controllo che lo Stato voleva attribuirsi nei confronti del settore minerario, il settore piú dinamico dell'economia cilena.

Nonostante i progressi sociali conseguiti durante il governo democratico-cristiano, alla fine del mandato di Frei la situazione economica si presentava alquanto deteriorata. La stagnazione economica aveva anche colpito la produzione industriale e l'esportazione dei prodotti minerari, abbassando i livelli di occupazione, mentre l'inflazione cresceva paurosamente.

Nella prospettiva di nuove elezioni, la coalizione progressista fu in grado di raccogliere le domande insoddisfatte delle classi popolari. Nel corso della presidenza di Frei la coalizione social-comunista di Unidad Popular si era ampliata rilevantemente, acquisendo l'adesione di una parte della classe operaia e contadina, e di alcuni settori o partiti progressisti delle classi medie.

La competizione elettorale del 1970 diede la vittoria a Salvador Allende, candidato di Unidad Popular, che sarà eletto alla presidenza della repubblica (1970-73). Le classi dominanti e i gruppi vincolati agli interessi nordamericani in Cile reagirono immediatamente all'esito di queste elezioni, cercando di impedire, infruttuosamente, che il parlamento ratificasse l'elezione di Allende.

Il governo di Unidad Popular iniziò l'attuazione del programma elettorale, che prevedeva la nazionalizzazione delle miniere, l'accelerazione della riforma agraria, la creazione di un settore industriale controllato dallo Stato e, infine, un generale miglioramento delle condizioni di vita delle classi lavoratrici, mediante l'incremento del salario reale e il potenziamento dei servizi sociali. L'impostazione di questo vasto insieme di riforme era accompagnata da un'ampia mobilità politica di tutti i settori sociali progressisti, al fine di emarginare le tendenze frenanti della pubblica amministrazione, del parlamento e dei gruppi di destra.

Sarà subito avviato un vasto programma di ridistribuzione della terra, attuando integralmente le precedenti leggi di riforma agraria varate durante il governo democratico-cristiano di Frei e istituendo le necessarie agenzie di sviluppo e di credito rurale. La classe dominante rispose immediatamente a queste incisive riforme nelle campagne, promuovendo la formazione di milizie controrivoluzionarie.

Meno rapide saranno le iniziative di Allende per varare i provvedimenti di nazionalizzazione delle miniere di rame, di statalizzazione delle banche e del credito. Questo ritardo permetterà al capitale nordamericano e a quello nazionale privato di organizzare un'efficace manovra contrastante. Tempestivamente fu sviluppata la costituzione dei gruppi armati controrivoluzionari e, contemporaneamente, furono organizzate non poche campagne di propaganda antigovernativa, attraverso la stampa e ogni altra possibile sede politica. Con queste manovre, e sfruttando la situazione di carenza dei generi di consumo che si aggravava a partire dal 1971, la destra riuscí a disarticolare da Unidad Popular un consistente segmento delle classi medie, anche per merito dell'opposizione, sempre piú aperta, condotta dal partito democratico-cristiano nei confronti della politica del governo progressista.

Nella dinamica dell'esperimento di Unidad Popular, l'opposizione sviluppata dal capitale nordamericano giocò un ruolo essenziale. Sino alla metà del suo mandato Allende riuscirà a mantenere elevati i salari per l'espansione della domanda interna. Tuttavia, con il boicottaggio delle esportazioni cilene, architettato abilmente dal capitale nordamericano, in collusione con gli interessi del capitale privato nazionale vincolato al settore delle esportazioni, la disoccupazione incominciò a peggiorare, mentre i salari reali iniziarono un processo di contrazione.

La forte opposizione del capitale nordamericano alla politica di Unidad Popular dipendeva essenzialmente dall'eccezionale entità degli investimenti nel paese: controllava infatti piú del 50 per cento del capitale delle 28 maggiori imprese industriali presenti nel territorio cileno, e quasi totalmente il capitale investito nella produzione del rame.

Nella prima metà del 1973 si delinea pertanto una grave crisi interna, politica ed economica, che determinerà l'ingresso dei militari nel gioco politico con un'incidenza rilevantissima. Infatti, progressivamente i militari si collegheranno ai democratico-cristiani e, soprattutto, ai movimenti di destra e di estrema destra, incominciando a controllare le aree e le funzioni strategiche del paese. Lo sbocco della crisi avverrà con il colpo di Stato militare dell'11 settembre 1973, che concluse brutalmente l'esperienza progressista, mentre questa avrebbe potuto concretamente trasformarsi in una forma di transizione verso il socialismo.

Dopo il colpo di Stato i militari intraprenderanno un disegno politico assolutamente diverso dal precedente, e caratterizzato dalla privatizzazione quasi completa dell'economia, con l'esclusione dal processo politico dei settori popolari e delle classi medie di tendenza progressista.

Il processo politico cileno, a partire dal 1964, presenta dunque tutte le fasi presenti nel contesto latinoamericano: il populismo riformista, il nazionalismo progressista e l'autoritarismo. Questa evoluzione indica che la crisi del neopopulismo potrebbe anche evolvere, dando origine alla formazione di un processo di transizione verso il socialismo. In Cile questo processo sarà interrotto violentemente da una controrivoluzione, e l'affermazione del regime autoritario di Pinochet si realizzerà a causa dell'incapacità di Unidad Popular di avviare una politica veramente alternativa a quella di tipo ridistributivo. Unidad Popular, inoltre, per le stesse caratteristiche della coalizione governativa, tenderà a relegare in una posizione di subordine le aspettative delle classi medie: queste, pertanto, diventeranno l'essenziale sostegno del nuovo regime autoritario.

10. *La crisi del nazional-populismo in Argentina.*

In Argentina, come peraltro anche in Brasile, il populismo ebbe un'importanza assai rilevante nella storia del paese. L'esaurimento di questo sistema di potere permetterà la nascita di una delle possibili alternative presenti nel sistema politico latinoamericano, l'autoritarismo.

Il potere politico del generale Juan Domingo Perón, leader della coalizione populista, si affermerà con la sua vittoria elettorale del 1946 e durerà ininterrottamente sino al 1955, quando sarà deposto con un colpo di Stato.

Perón ereditò dal passato regime una situazione economica sostanzialmente florida, a causa della favorevole congiuntura per l'Argentina determinata dalla seconda guerra mondiale, che perdurerà almeno sino al 1948. La guerra, infatti, aveva permesso l'accumulazione di cospicue riserve, che poterono essere utilizzate per espandere il controllo statale sull'economia e per dare vita a nuovi settori produttivi. Quindi, fu riequilibrato il debito con l'estero, fu potenziata l'industria con lo sviluppo dei settori dei beni intermedi e di capitale, e infine fu avviata una politica di nazionalizzazione delle ferrovie, dei trasporti urbani, gas e telefoni. In questo contesto di crescita economica si espandeva l'occupazione e si registrava un costante incremento dei redditi nelle classi medie e popolari. La crescita economica era una delle condizioni essenziali per garantire il successo della politica interclassista del peronismo, che aveva permesso a Perón di assicurarsi i voti del 65 per cento dell'elettorato. Inoltre, la crescita permetteva anche all'economia argentina di svilupparsi con una certa indipendenza dal capitale straniero, onde poter avviare una politica di ridistribuzione senza eccessivi condizionamenti esterni.

Queste trasformazioni proposte dal peronismo dovevano culminare in un riequilibrio tra le rilevanti differenze regionali che erano presenti nel paese, soprattutto tra la regione piú sviluppata di Buenos Aires e le regioni dell'interno, per contribuire a consolidare e a rafforzare il consenso popolare al regime peronista.

Per raggiungere questi obiettivi, il peronismo adottò una linea politica di rigidità, caratterizzata dalle limitazioni delle libertà politiche dell'opposizione, con l'organizzazione di un partito ufficiale strutturato verticalmente e con la promozione di un consistente apparato assistenzial-clientelare. In questo modo il peronismo poteva articolare il blocco interclassista e rafforzare i consensi dell'elettorato popolare al regime.

Dopo il 1950, le crescenti difficoltà economiche costrinsero il peronismo a un'inversione di tendenza per contenere gli effetti della contrazione. Pertanto, il governo intraprenderà una linea politica tendenzialmente neoconservatrice, favorendo gli interessi dei gruppi agrari-esportatori tradizionali, e stimolando la collaborazione del capitale nordamericano, considerato sino a quel momento il principale ostacolo all'indipendenza economica del paese. Cosí il capitale nordamericano incomincerà ad affluire copiosamente in Argentina, principalmente nel settore industriale e nel settore petrolifero.

La nuova politica del peronismo favorirà prevalentemente i tradizionali oppositori al regime populista e permetterà la riorganizzazione politica della classe dominante. Questa, infatti, con l'appoggio delle forze armate e della Chiesa, promosse l'attuazione del colpo di Stato che nel settembre del 1955 culminerà con la destituzione di Perón.

La caduta di Perón doveva essere l'occasione opportuna per un'espansione dell'influenza dei gruppi politici della classe dominante (liberali e conservatori) nelle aree urbane e rurali, in quanto avevano organizzato la loro base economica in funzione di una nuova espansione della domanda internazionale di prodotti agricoli argentini. Tuttavia, questo progetto di tipo neoconservatore si scontrerà con una realtà economica e politica che lo avverserà, rendendo inattuabile la sua realizzazione.

Dal punto di vista economico, due circostanze intervennero negativamente: la mancata ripresa della domanda internazionale di prodotti agricoli, e la spaccatura tra il settore dominante favorevole all'industrializzazione e il settore favorevole allo sviluppo agro-esportatore. A livello politico, la classe dominante dovrà confrontarsi con una realtà fortemente condizionata dai militari e dal movimento peronista. Quest'ultimo, in particolare, si era rapidamente riorganizzato dopo la caduta di Perón e controllava quasi interamente la classe operaia.

Con la presidenza di Arturo Frondizi (1958-62), che conquisterà l'alta carica con l'appoggio dell'elettorato peronista, si tenderà a rilanciare il progetto di costruire una nazione moderna e industriale, questa volta cercando di dare vita a un'alleanza tra il proletariato peronista e i settori degli imprenditori industriali. La forte opposizione a questo progetto sarà ancora pilotata dagli interessi agro-esportatori, non solamente rappresentati dai latifondisti, ma anche da una buona parte della classe media rurale. L'aggravamento della crisi economica, che costringerà Frondizi ad adottare una linea di politica economica ispirata al liberismo, spezzerà l'alleanza tattica tra il movimento peronista e gli industriali, aprendo la strada a un intervento politico dei militari, che si espliciterà nel 1962, all'indomani del successo elettorale peronista.

I militari, infatti, imporranno la presidenza di José Maria Guido, che governerà il paese sotto la continua pressione della crisi economica, delle rivendicazioni dei sindacati e dei peronisti, e del crescente potere dell'esercito.

Anche in seguito l'evoluzione politica non registra sensibili miglioramenti, essendo sostanzialmente caratterizzata dall'assenza di qualsiasi progetto innovativo a livello politico, e dal deterioramento costante dell'economia e del livello di vita delle classi popolari che determinerà una violenta conflittualità sociale.

Nella campagna elettorale per le elezioni del 1967 riemerge con tutta la sua forza la presenza del movimento peronista. Il successo di questa espansione e mobilitazione del peronismo indurrà i militari a intervenire direttamente (giugno 1966), per impedire l'affermazione vittoriosa dei peronisti. Il colpo di Stato, a differenza dei precedenti, non avrà lo scopo di affidare il potere a un civile non peronista: sarà piuttosto finalizzato a mantenere i militari al governo e a impostare un progetto politico sostanzialmente diverso, di tipo autoritario.

11. *Il nazionalismo e l'autoritarismo in Brasile*.

Il caso del Brasile costituisce l'esempio piú tipico del passaggio dalla crisi del populismo a una soluzione autoritaria. Questo passaggio si articolerà in una forma sostanzialmente simile a quella verificatasi in Argentina, poiché anche in Brasile non si realizzerà una fase intermedia di tipo neopopulista e riformista.

Il colpo di Stato che liquidò il regime populista segnò un ritorno nel paese all'ordine politico costituzionale, che si definí con l'elezione alla presidenza della repubblica del candidato socialdemocratico, il generale Enrico Gaspar Dutra

(1946-50). Infatti, sarà subito promulgata una nuova costituzione federale, che prevedeva la restituzione alle regioni di gran parte delle prerogative acquisite dal governo centrale. Questa legge fondamentale, in pratica, contribuirà ampiamente a ripristinare il potere della classe dominante tradizionale.

A differenza di quanto avverrà dieci anni dopo in Argentina, la classe dominante brasiliana si sentirà tanto sicura del proprio potere da non avvertire la necessità di ostacolare l'attività politica di colui che per molti anni aveva gestito le sorti del paese, Getulio Vargas. Questi, infatti, sotto una nuova facciata democratica e costituzionalista, riuscirà a organizzare un proprio partito politico – il partito laburista –, che in breve tempo raggiungerà una consistenza tale da permettere a Vargas di essere eletto alla presidenza della repubblica.

La nuova presidenza di Vargas è contraddistinta da una lenta crescita economica, che il governo cercherà di attivare con la promozione di alcune trasformazioni per ricomporre la distribuzione del reddito nazionale e continuare a garantirsi l'appoggio delle classi popolari. L'opposizione, specialmente attraverso il partito socialdemocratico, preoccupata dall'intensità della mobilitazione popolare, ostacolò rigidamente in sede parlamentare le trasformazioni impostate da Vargas. Nel contempo, anche i militari esercitavano una crescente pressione per ristabilire l'equilibrio politico.

L'opposizione socialdemocratica, congiuntamente all'intervento dei militari, nel 1954 costrinse Vargas al suicidio, dopo una violenta campagna di stampa antigovernativa. Nel corso di questa crisi il ruolo dei militari sarà determinante a un triplice livello: per favorire l'instabilità e la stessa caduta del governo di Vargas, per impedire la successione al potere dei varghisti e, infine, per affidare il potere al successivo presidente, Juscelino Kubitschek. In tal modo il disegno populista e riformatore di Vargas finirà per essere sconfitto dalle forze tradizionali legate al capitale straniero e alla vecchia oligarchia. Nel suo testamento politico Vargas indicava precisamente in queste forze le cause che ostacolavano il benessere popolare e l'indipendenza nazionale del Brasile.

Il governo del socialdemocratico Kubitschek (1955-60),

che sarà eletto anche con l'appoggio dei laburisti e dei comunisti ancora nell'illegalità, tentò di proseguire il progetto tracciato da Vargas, senza peraltro attuare alcuna trasformazione strutturale di rilievo. Kubitschek sosteneva che gli effetti di una rapida espansione industriale, e di una rinnovata dinamicità del settore urbano, avrebbero accelerato l'unificazione economica del paese e il completo sfruttamento delle risorse nazionali. La stessa fondazione della nuova capitale Brasilia fu concepita per restituire il necessario dinamismo alle aree interne del paese scarsamente popolate.

In questi anni si verificò una forte espansione economica, con altissimi tassi di crescita. Tuttavia, le condizioni reali di vita nel paese non subirono sensibili mutamenti, poiché l'alto tasso di inflazione annullava gli incrementi salariali, limitando il potere d'acquisto delle masse popolari. Ancora una volta lo schema populista dimostrava la propria incapacità di coniugare la crescita economica con il progresso sociale.

Nella successione elettorale del 1960, sfruttando abilmente il malcontento popolare, verrà eletto alla presidenza Janio Quadros. Il programma di Quadros, pur restando entro i consueti limiti del sistema populista, presentava alcune spiccate caratteristiche riformiste. Pertanto fu immediatamente avversato dalla classe dominante, come peraltro dagli stessi populisti varghisti, che si opporrà alle soluzioni piú avanzate di questo programma: la lotta contro la corruzione della classe politica e della burocrazia sindacale, la nuova politica di impronta liberista, la linea neutralistica del governo in politica internazionale.

Quest'ultimo aspetto del programma – la neutralità internazionale – si rivelerà di importanza determinante per aggravare l'opposizione dei gruppi di interesse nazionali e nordamericani contro Quadros. Infatti, il neutralismo minacciava alla base l'alleanza che si era costituita, fin dal 1955, tra il capitale nordamericano e il capitale nazionale per il controllo del settore industriale.

Le difficoltà che si opponevano all'affermazione di un sistema politico neopopulista saranno, comunque, anche di natura interna. Infatti, a partire dal 1960 la crescita economica si arresta, impedendo di perpetuare quella politica ridistributiva che era la condizione essenziale per garantire il successo del progetto governativo.

La complessità della situazione determina le dimissioni di Quadros e l'insediamento al potere di João Goulart, un politico formatosi alla scuola di Vargas. Goulart, con l'appoggio di una fazione militare, cercò di superare la grave crisi attribuendo maggiori poteri all'esecutivo, riproponendo un sistema di tipo presidenziale. Dal punto di vista piú generale, il progetto di Goulart tentava di rendere compatibili alcune opzioni riformiste di Quadros con lo schema populista e con la necessità di riattivare la crescita del settore industriale.

Tra le opposizioni a Goulart sarà particolarmente efficace quella della sinistra, perché questa componente politica individua nel settore rurale piú arretrato l'elemento capace di sviluppare un processo rivoluzionario. La protesta contadina partirà principalmente dal nord-est del paese, dove le leghe contadine guidate da Francisco Julião nel 1962 dichiareranno di aderire al marxismo. Goulart cercherà di frenare l'insurrezione rurale con la creazione di una struttura per lo sviluppo del nord-est, affidando la direzione del programma di sviluppo all'economista Celso Furtado. Questi, seguendo l'orientamento della Comisión Económica para América Latina (Cepal), sosteneva la possibilità di superare la conflittualità rurale ricorrendo a una modernizzazione strutturale non rivoluzionaria, impostata su una riforma agraria.

Per poter controllare l'evoluzione delle classi popolari e minarne le capacità sovversive, Goulart promosse anche l'attuazione di alcune importanti riforme politiche: il diritto di voto agli analfabeti, la legalizzazione delle associazioni spontanee e i pieni diritti politici ai soldati e ai sottufficiali.

Sotto la pressione popolare, il governo di Goulart proponeva un rinnovamento globale del sistema politico, che veniva cosí ad assumere le caratteristiche di un sistema di tipo neopopulista riformatore, che non soddisfava né la classe dominante né la tradizionale base di sostegno dei governi brasiliani, le classi medie. L'evoluzione politica, del resto, nemmeno soddisfava gli interessi nordamericani, preoccupati dalle tendenze statalistе e dal neutralismo della politica estera. Né, tantomeno, soddisfava gli ufficiali superiori dell'esercito, preoccupati di contenere le tendenze golpiste che emergevano dalla truppa e dai sottufficiali.

La reazione della classe dominante non si fece attendere. Nel 1964, con un colpo di Stato organizzato dagli alti comandi delle tre armi, i militari depongono Goulart e affidano la presidenza al maresciallo Humberto Castelo Branco. I militari si premurarono di dichiarare che il colpo di Stato aveva esclusivamente lo scopo di moderare le riforme e di ripristinare la precedente legalità. Tuttavia, quando nel 1965 l'opposizione ottenne la maggioranza dei voti alle elezioni regionali, i militari invalidarono la consultazione elettorale, soppressero le libertà politiche e iniziarono una feroce repressione nei confronti dell'opposizione di sinistra e di centro.

Anche in Brasile, come avverrà successivamente in Argentina, la dissoluzione del populismo non si risolse nell'affermazione di un sistema neopopulista e riformista. In Brasile, anzi, il passaggio all'autoritarismo fu facilitato dalla minore organizzazione delle classi popolari e dalla maggiore resistenza espressa dalle classi medie di fronte alle riforme di Goulart.

v.
Una trasformazione bloccata?

All'inizio degli anni '70 gli elementi costitutivi del nazional-populismo, che durante il periodo 1945-70 avevano permesso un'evoluzione economica, sociale e politica dell'America latina, registrano un progressivo declino. I primi sintomi della crisi del nazional-populismo emergono già nel corso degli anni '60. Tuttavia, solo nel decennio successivo questo fenomeno politico incomincia ad essere sottoposto a un serio processo di revisione critica, non solo da parte delle élites intellettuali, ma anche da parte della stessa classe politica. In questo modo la sua crisi viene recepita da tutte le forze sociali.

È difficile stabilire con precisione se è la progressiva stagnazione dell'economia a provocare un aumento delle tensioni sociali, oppure se sono le ripercussioni politiche di queste tensioni sociali che determinano il progressivo sgretolamento delle strutture basilari che garantiscono il funzionamento del nazional-populismo. A nostro giudizio, si tratta piuttosto di una crisi caratterizzata da una rilevante interazione tra l'economia, la società e la politica: solo cosí è possibile spiegare i suoi massicci effetti sulle società latinoamericane.

Nel corso di questa crisi, che, come abbiamo detto, si sviluppa negli anni '70, progressivamente decadono i princípî basilari che avevano sorretto l'affermazione del neopopulismo: la ridistribuzione delle risorse e l'interclassismo. Questi due princípî fondamentali, accoppiati alla scelta del nazionalismo, avevano dato un certo equilibrio strutturale all'andamento della vita latinoamericana. Infatti, attraverso la ridistribuzione delle risorse si potevano tutelare i diversi settori della società in funzione della loro importanza politica; del resto, attraverso l'interclassismo si permetteva a tutti i settori sociali di partecipare alla vita politica in proporzione alla loro importanza economica. Negli anni '50 e '60 il neopopulismo poté funzionare in virtú del fatto che lo Stato esercitava una funzione arbitrale, da una parte regolando il processo ridistributivo con le risorse di cui disponeva, e dall'altra regolando il processo politico in quanto si configurava in una posizione *super partes*, di rappresentante dell'intera nazione.

Lo Stato, quindi, sarà l'elemento capace di catalizzare tutte le forze sociali e politiche, orientandole verso una cooperazione reciproca, con il fine di limitare le tensioni e le contrapposizioni. Per sviluppare questa funzione, che si rafforza continuamente durante il periodo 1945-70, lo Stato dovrà ricorrere a tutti i mezzi di cui dispone: quando le sue risorse incominciano ad essere insufficienti, ricorre al debito con l'estero; quando i settori popolari incominciano a mobilitarsi politicamente, apre nuovi canali istituzionali per attribuire ad essi un minimo di rappresentanza politica. Per questi motivi il nazional-populismo non può essere compreso senza considerare gli stretti vincoli che lo correlano al problema della funzione dello Stato e delle politiche di sviluppo in America latina.

La crisi del nazional-populismo, interclassista e ridistribuzionista, registra due fasi: la prima tra gli anni 1964 e 1973, e la seconda dopo il 1973. Durante la prima fase, che è essenzialmente interna ai paesi latinoamericani, i meccanismi strutturali del neopopulismo entrano in crisi nei paesi che avevano conosciuto un processo di modernizzazione e di industrializzazione piú rapido, ovvero l'Argentina e il Brasile. Durante la seconda fase, che è fortemente influenzata dalla crisi economica internazionale, la decadenza politica del nazional-populismo si estende a tutti i restanti paesi latinoamericani e, come vedremo, assumerà connotazioni specificamente nazionali.

1. *Le prime forme autoritarie.*

I due paesi in cui la rottura del nazional-populismo si verifica precocemente sono: il Brasile nel 1964, e l'Argentina nel 1966. La presa del potere da parte dei militari di questi due paesi inaugura una nuova forma politica, caratterizzata dalla soppressione delle libertà democratiche, dal soffocamento dei sindacati e dei partiti politici, per raggiungere l'obiettivo delle politiche di conciliazione.

In Brasile e in Argentina l'affermazione al potere dei militari è il risultato finale della crisi del populismo, e l'inizio di un nuovo modello di sviluppo politico, sociale ed economico che i politologi hanno definito di tipo autoritario o burocratico-corporativo. Con questa caratterizzazione hanno voluto richiamare l'attenzione sul fatto che questi regimi non sono una semplice riedizione delle vecchie dittature o le versioni latinoamericane del fascismo, ma sono piuttosto una forma di potere che intende garantire l'autonomia dello Stato dalle diverse componenti sociali, per assicurarsi la capacità di intervento autonomo in tutti i settori, da quello economico fino a quello sociale, per accelerare la modernizzazione dei singoli paesi.

Le principali caratteristiche di questo Stato autoritario, che si manifestano sia in Argentina sia in Brasile, possono essere sintetizzate nel seguente modo. In primo luogo lo Stato autoritario può organizzare e garantire il funzionamento di una struttura di dominazione capace di mantenere efficace l'alleanza tra la borghesia più moderna e il capitale multinazionale. Da questo deriva che la base sociale del nuovo Stato è costituita essenzialmente dalla borghesia, ovvero dal settore dell'oligarchia che ha saputo diversificarsi nel corso degli anni '50 e '60. Inoltre, lo Stato autoritario genera una nuova leadership costituita dai militari, organizzati professionalmente secondo le funzioni che questa forma statale esige, ovvero: da una parte la repressione specializzata, selettiva e istituzionalizzata; dall'altra, la razionalizzazione della struttura economica al fine di sostituire, seguendo strettamente una logica politica neoliberista, il tradizionale settore dell'esportazione primaria con un altro, quello industriale. Infine, l'annichilimento politico delle classi popolari – il proletariato e le fasce emarginate – attraverso la repressione e la costituzione di strutture corporative capaci di escludere dalla politica i settori popolari e i movimenti politici progressisti.

A nostro giudizio, l'aspetto fondamentale di questa nuova realtà autoritaria dell'Argentina e del Brasile consiste nella rottura dell'interazione tra la crescita economica e la partecipazione politica, ottenuta mediante la soppressione di tutti i meccanismi preesistenti, tipici del populismo interclassista, di mediazione politica e istituzionale. Le classi sociali adesso devono presentarsi liberamente sul mercato e nell'arena politica, ma saranno la borghesia e le classi medie che disporranno di maggiori opportunità di avere riconosciute le loro esigenze e le loro rivendicazioni corporative, mentre i settori sociali piú deboli, le classi popolari, saranno al contrario condannate a una marginalità sempre piú crescente. La liquidazione dei meccanismi interclassisti favorirà essenzialmente i settori borghesi: adesso, infatti, senza alcun condizionamento questi potranno impostare le alleanze che considerano piú opportune, con il capitale straniero oppure con il nuovo personale politico-militare che controlla gli apparati di governo.

Tuttavia, fino a che punto l'autoritarismo argentino e brasiliano rappresentano una definitiva liquidazione del nazional-populismo? Senza alcun dubbio, il nuovo Stato autoritario implica la fine dell'interclassismo, delle politiche di compromesso, della ridistribuzione indifferenziata delle risorse a fini sociali, del nazionalismo di tipo comprendente, secondo cui il cittadino, per il semplice fatto di essere tale, non deve solo avere la garanzia dei diritti politici ma ha anche il diritto a godere di un migliore livello di vita. Questo non significa che l'autoritarismo, a sua volta, non venga a costituire una nuova forma di nazionalismo: infatti si fonda sul principio che appartengono alla comunità nazionale solamente i cittadini che non attentano alla sicurezza della nazione, disconoscendo le autorità militari o diffondendo idee fondate sulla lotta di classe. A tutti i cittadini che non contrastano la nazione vengono riconosciuti diritti esclusivamente politici. Da questo deriva che il nazionalismo autoritario è di tipo escludente ed essenzialmente politico, mentre il nazionalismo interclassista era di tipo comprendente e politico-sociale.

Anche se l'autoritarismo brasiliano e quello argentino presentano al loro interno queste caratteristiche comuni, l'evoluzione che i due paesi registrano sotto il regime autoritario è comunque assai differente.

In Brasile l'affermazione dei militari al potere determinò, da un lato, una violenta repressione a livello politico, che si esplicitò nello scioglimento di tutti i partiti e di tutti i sindacati, mentre dall'altro promosse l'internazionalizzazione dell'economia, attraverso l'impostazione di una politica neoliberista. Questa situazione eccezionale durerà sino al 1967 e faciliterà, in pochi anni, la riorganizzazione totale del sistema di potere. Da quel momento il sistema di potere si struttura a partire da un forte esecutivo, sul quale gli alti comandi delle forze armate esercitano un controllo limitato alle grandi decisioni, mentre il potere esecutivo esercita comunque la funzione di impostare le grandi scelte e di centralizzare le decisioni relative alla politica, all'economia e alla società. Per potenziare questa seconda funzione, il potere esecutivo crea una burocrazia statale di nuovo tipo, a carattere tecnocratico, capace di formulare e di fare applicare le differenti politiche industriali, agricole e finanziarie.

La centralizzazione del potere nelle mani dell'esecutivo costringe le forze civili, in particolare la borghesia industriale, a rendersi rapidamente autonome dallo Stato, a sviluppare la capacità di elaborare e di diffondere i loro punti di vista, a formare e appoggiare finanziariamente i propri quadri dirigenti, al fine di influenzare con la pressione economica e sociale le decisioni dell'esecutivo.

L'autonomia della borghesia dallo Stato permette la tempestiva ristrutturazione dell'economia, mediante l'apertura del paese all'iniziativa straniera e l'abolizione di tutte le norme protezioniste. In tal modo il capitale privato nazionale sarà costretto a elaborare nuove forme di congiunzione con il capitale straniero e a sviluppare una propria capacità imprenditoriale.

Il nuovo orientamento autoritario determinò una rapida accelerazione del processo di proletarizzazione e una forte de-nazionalizzazione dei settori produttivi, in particolare dell'industria. Tuttavia, in relazione a questi nuovi meccanismi, a differenza delle altre economie latinoamericane, quella brasiliana incomincia a registrare altissimi tassi di crescita. Infatti, tra il 1964 e il 1973 l'economia cresce con un tasso medio annuo del 10 per cento, mentre le esportazioni di beni industriali aumentano del 6 per cento annuo.

Quel fenomeno che abitualmente si definisce come «rivoluzione argentina», realizzata dai militari nel 1966, rappresenta un tentativo di attribuire centralità al potere esecutivo, rendendolo autonomo rispetto alle forze sociali. Anche in questo caso ne risultò una rapida crescita economica, nel contesto di un'espansione dell'economia internazionale e di una decelerazione del processo ridistributivo. È precisamente questo secondo aspetto che differenzia l'esperienza autoritaria argentina da quella brasiliana; in quanto, mentre in Argentina la maggiore forza dei sindacati costrinse l'esecutivo a mantenere efficaci alcuni meccanismi ridistributivi, in Brasile la loro liquidazione fu completa.

Nonostante i buoni risultati economici, l'autoritarismo argentino non riesce a consolidarsi a causa della massiccia reazione popolare. Contrariamente a quanto avviene negli stessi anni in Brasile, dove la reazione popolare fu annichilita dal governo, le insurrezioni popolari del 1969 a Córdoba e a Rosario, dirette dagli operai dei settori piú dinamici e meglio retribuiti dell'industria, paralizzarono l'affermazione dell'esperienza autoritaria.

La reazione popolare servì anche a catalizzare una serie di elementi latenti: la guerriglia urbana, la radicalizzazione ideologica di una parte della classe operaia, la crescente politicizzazione di alcuni segmenti della classe media (studenti, professionisti, ecc.), che si unificarono intorno all'opzione neoperonista. Infatti, gli stessi militari, sotto la leadership del generale Lanusse, organizzarono la crisi governativa, convocando le elezioni nel 1973. I risultati elettorali, che attribuirono il 50 per cento dei suffragi al peronismo e solamente il 20 per cento ai militari, segnarono la fine della prima esperienza autoritaria in Argentina.

2. *L'affermazione dell'autoritarismo.*

Anche se fino al 1973 si era consolidato un solo regime autoritario, quello brasiliano, le tendenze autoritarie non manifestano segni di regressione: al contrario, queste tendenze registrano una forte espansione dopo il 1973.

Uno degli elementi che possono spiegare la rapida espansione dei regimi e delle tendenze autoritarie in America latina dopo il 1973 deve certamente essere individuato nel rilevante impatto della crisi internazionale e, soprattutto, la sua correlazione con la crisi del neopopulismo interclassista. Anche se la crisi economica si manifesta drammaticamente già a partire dal 1973, quale effetto dell'aumento del prezzo del petrolio, sarà specialmente a partire dal 1976-77 che farà sentire tutto il suo peso sulle diverse economie latinoamericane, soprattutto su quelle non esportatrici o autosufficienti di petrolio. Tra il 1970-75 e il 1975-80, il tasso di crescita del prodotto lordo nazionale per l'insieme dell'America latina si riduce dal 3,8 al 3 per cento annuo, e incomincia a registrare persino un tasso di crescita negativo in alcuni paesi. Nel 1982 tutte le economie latinoamericane registrano una decrescita, che si aggira su un valore minimo dello 0,8 per cento per Santo Domingo, sino a un valore massimo del 15,8 per cento per il Cile.

Questo costante decremento del tasso di crescita è il risultato di una riduzione dei consumi complessivi (dal 7,5 al 4,1 per cento annuo tra il 1970-74 e il 1975-78) e della contrazione della domanda interna (dal 7,9 al 3,8 per cento annuo, nello stesso periodo). La crisi economica si comprende pienamente se si osservano gli investimenti complessivi che ristagnano, poiché si assestano a un livello simile a quello degli ultimi anni '60 (20,5 per cento del prodotto lordo nazionale nel periodo 1970-74 e 1975-78), e se si pensa che questa stagnazione è determinata essenzialmente dall'entità dei crediti esteri orientati verso il settore pubblico, che passano da 24,4 a 37 miliardi di dollari tra il 1970 e il 1973 e da 37 a 145,5 miliardi di dollari tra il 1973 e il 1979, e dagli investimenti diretti stranieri, che passano da 4,8 a 11,8 miliardi di dollari annui tra il 1973 e il 1979.

Dietro ai dati economici si delinea certamente una delle grandi trasformazioni in atto nell'America latina, la rapida internazionalizzazione o, per meglio dire, la re-internazionalizzazione delle economie latinoamericane sia a livello dei capitali sia a livello di mercato. Questo fenomeno è evidente non solo nei paesi come l'Argentina, il Brasile e il Messico, che registrano una crescita delle esportazioni industriali dal 13,8 al 31,9 per cento delle esportazioni complessive nel periodo 1965-75, ma anche in altri paesi che registrano una trasformazione qualitativa delle loro esportazioni agricole e minerarie.

La crisi internazionale e la crisi specificamente latinoamericana favoriscono la progressiva affermazione di principî neoliberisti dell'economia di mercato. L'applicazione di questi principî determina il logoramento del nazionalismo interclassista e ridistributivo anche nei paesi in cui questa forma politica continua a sopravvivere.

La crisi del nazionalismo per alcuni paesi sarà traumatica, ad esempio per il Cile e l'Uruguay; mentre per altri gli effetti saranno piú contenuti, come in Messico e in Venezuela, specialmente in relazione alle entrate derivate dal petrolio, che permetteranno a questi paesi di riproporre parzialmente il vecchio populismo.

In Cile il regime autoritario si afferma nel 1973 quando, sotto la presidenza di Allende che governa il paese con una coalizione eterogenea di partiti della sinistra, si esauriscono le possibilità di transizione da un neopopulismo interclassista a un sistema politico progressista, fondato sulla crescente mobilitazione dei settori popolari.

Anche in Cile, come in Brasile, i militari al potere interrompono drasticamente il vecchio ordine e iniziano a ristrutturare l'ordine istituzionale, con un potere esecutivo altamente centralizzato nella figura del generale Pinochet, con lo scopo di attuare un processo di riorganizzazione in termini capitalistici dell'economia e della vita sociale. Tuttavia, a differenza del Brasile, in Cile viene istituzionalizzato un regime che conferisce tutto il potere a una singola persona, congiungendo cosí il potere militare a quello civile.

In questa eccezionale concentrazione di potere risiede la spiegazione, almeno parziale, del fatto che i gruppi imprenditoriali non furono nemmeno in grado di esercitare una certa autonomia, come invece avviene in Brasile, con il risultato che l'internazionalizzazione dell'economia cilena si realizzerà a spese degli interessi economici della borghesia. Ancora a differenza del Brasile, gli investimenti stranieri, nella maggior parte, tendono ad essere investimenti a breve e a medio termine.

Anche in Uruguay osserviamo che il progetto autoritario incontra seri ostacoli, che non dipendono esclusivamente dalle modalità che ne determinano l'affermazione. Quando nel 1972 Juan María Bordaberry assume la presidenza, nel paese è presente una rilevante tensione a causa della violenza della lotta tra la guerriglia di sinistra e i gruppi di destra appoggiati da alcuni settori militari. Il ritorno all'ordine sarà ottenuto attraverso l'approvazione, in parlamento, dello stato di assedio, che attribuirà ampi poteri repressivi alle forze armate. In breve tempo il presidente Bordaberry si troverà in una posizione di totale subordinazione nei confronti dei militari. Questi ultimi nel 1973 imporranno al paese un organismo superiore di sicurezza nazionale, che amplierà anche i loro poteri civili, costituito dal presidente, dal ministro della difesa e dai tre comandanti delle forze armate.

Come si verificò in Cile, anche in Uruguay l'autoritarismo si manifesta quale effetto dell'impossibilità di rinnovare il vecchio populismo, congiuntamente all'impossibilità di ripristinare il nazionalismo interclassista e ridistributivo. Quindi, la soluzione autoritaria sembrava l'unico sbocco possibile anche se, come in Argentina, per affermarsi essa incontrò rilevanti ostacoli, in quanto il capitale straniero non era interessato a incrementare la propria presenza nei settori produttivi, ma anche a causa della resistenza dimostrata dalle classi popolari di fronte alla soluzione autoritaria.

L'*impasse* dell'autoritarismo in Uruguay è analogo a quello che si registra in questi anni in Argentina. È già stato detto che nel 1973 i militari argentini promossero la convocazione di elezioni che aprirono le porte al ritorno di Juan Domingo Perón alla presidenza; questi, peraltro, assumerà l'alta carica in un particolare contesto, caratterizzato dalla violenza armata tra la guerriglia e i gruppi legati direttamente o indirettamente alla polizia e alle forze armate, che tra il 1972 e il 1976 condusse il paese a una vera e propria guerra civile.

Questo contesto di guerra civile può spiegare l'appoggio dato da consistenti settori della società argentina a un nuovo intervento militare, pur sapendo anticipatamente che il nuovo colpo di Stato sarebbe stato assai diverso da quelli precedenti. Le forze armate, sotto la leadership del generale Videla, destituirono la vedova di Perón, presidente costituzionale del paese, ristabilirono un regime autoritario e, conseguentemente, decisero di portare a termine quel progetto politico ed economico che non avevano potuto concretizzare tra il 1966 e il 1973. La dura repressione, durante la quale scomparvero migliaia di oppositori politici, annienterà i partiti, annichilendo gran parte del movimento sindacale e operaio, soprattutto quei segmenti legati al peronismo, e colpirà perfino i settori della società le cui attività sono considerate dissolventi della nazione (attori, insegnanti, psicoanalisti, ecc.). È significativo che la repressione, sicuramente la piú violenta tra tutte quelle espresse dagli attuali regimi autoritari, scatenò un terrore tanto generalizzato al punto che, durante la prima inchiesta sulla pubblica opinione realizzata nel 1978 dall'agenzia americana Gallup, piú di due terzi degli intervistati si rifiutarono di esprimere la propria opinione sui problemi politici.

Tuttavia, non sarà solamente la repressione a produrre un rilevante effetto di depoliticizzazione, quanto piuttosto l'insieme della politica condotta dal regime autoritario per internazionalizzare e liberalizzare l'economia. Questa politica si realizzerà concretamente soprattutto nei confronti del settore agroesportatore, dell'industria e del mercato interno.

Un'analisi oggettiva dei risultati verificatisi nel settore agrario ci indica che tra il 1976 e il 1981 l'agricoltura della regione della *pampa*, che produce l'80 per cento dei beni di esportazione, ha ricuperato la propria vitalità attraverso i nuovi mercati esteri, principalmente quello sovietico, garantendo ai produttori la stabilità e la remuneratività dei prezzi. Questo nuovo rilancio dell'agricoltura, senza rilevanti contraccolpi nella bilancia dei pagamenti, permetterà di intraprendere una ristrutturazione del settore industriale fondata su principî rigorosamente neoliberisti, e capace di determinare il progressivo deterioramento di una consistente parte della base industriale e una costante riduzione delle esportazioni industriali rispetto al totale delle esportazioni. Tuttavia, la de-industrializzazione argentina dopo il 1976 non è tanto il risultato diretto del neoliberismo: deriva piuttosto dalla politica monetaria perseguita, caratterizzata dalla costante sopravvalutazione della moneta nazionale, che progressivamente ridurrà la competitività dei prodotti industriali, sia nel mercato interno sia su quello internazionale, favorendo l'importazione dei prodotti industriali stranieri.

Le politiche economiche adottate dall'autoritarismo argentino ci indicano chiaramente che l'obiettivo principale fu quello di rendere autonomo il settore agroesportatore a scapito del settore industriale. A differenza del Brasile, l'alleanza fondamentale di potere si stabilisce tra i militari e i proprietari terrieri della regione della *pampa*, mentre gli industriali saranno parzialmente emarginati dalla nuova internazionalizzazione dell'economia argentina e il numero degli operai occupati si ridurrà drasticamente per effetto della de-industrializzazione. In relazione a questa nuova autonomia, i grandi proprietari esportatori riusciranno a consolidare nuovi rapporti di interesse con il capitale internazionale che commercializza all'estero la produzione agricola e di allevamento dell'Argentina.

La contrazione della base industriale del paese, congiuntamente alla caduta del salario reale, determinò alcune conseguenze estremamente negative a livello economico, in quanto la domanda interna si ridusse costantemente e un'analoga riduzione colpí il livello di vita delle classi popolari e delle classi medie. Per queste ultime, che peraltro non avevano sostenuto entusiasticamente il ristabilimento dell'autoritarismo, pur avendolo accettato come il male minore, il deterioramento delle loro condizioni di vita fu il risultato della progressiva riduzione del mercato interno. Tra il 1976 e il 1980 l'economia crebbe solamente del 2,1 per cento annuo, e questa crescita dipenderà soprattutto dall'espansione del commercio estero non tanto dall'ampliamento della domanda interna.

A differenza del regime autoritario brasiliano, a causa della crisi economica internazionale e della politica economica perseguita, che favoriva esclusivamente l'agricoltura di esportazione, in Argentina il regime autoritario non riuscirà a conseguire alti tassi di crescita economica. Questa situazione si tradurrà in un calo di consenso, invece di aumentare le adesioni al regime autoritario, costringendolo a intraprendere un'avventura temeraria, la guerra delle Malvinas, che segnerà la propria fine.

L'evoluzione del regime autoritario in Brasile dopo il 1975, al contrario, è caratterizzata da una progressiva liberalizzazione, culminante nel 1985 con la restituzione del potere ai civili e la restaurazione della democrazia. Questa evoluzione non può essere compresa senza considerare che il regime autoritario si instaura, come è già stato detto, prima della crisi internazionale, e che fino al 1975 potrà godere della piú rilevante crescita economica dell'ultimo mezzo secolo. Questa situazione può aiutarci a comprendere i motivi per cui il regime autoritario, una volta conclusa la fase violenta della repressione alla fine degli anni '60, a differenza di tutti gli altri regimi autoritari, registra una progressiva espansione dei consensi, sia da parte dei settori borghesi sia della classe media, e persino del settore operaio.

Nel corso degli anni '70, il regime autoritario brasiliano si sforzò di rendere autonomo lo Stato dalle diverse classi, e di non ostacolare la formazione di organizzazioni tra le diverse componenti sociali, sperando che queste si sarebbero definite esercitando una certa autonomia, sia rispetto allo Stato, sia relativamente alle altre classi sociali. Il potere esecutivo, a sua volta, nell'esercizio della propria funzione centralizzante, cercò, attraverso diverse forme – commissioni, comitati, consigli –, di vincolare a sé sia le organizzazioni imprenditoriali sia la classe media e le stesse organizzazioni dei lavoratori. Cosí, tutte queste componenti della società potevano avere la garanzia di vedere riconosciuta una loro rappresentatività, limitata ma effettiva, nella gestione delle imprese statali e nella definizione della politica economica.

Pertanto, il regime autoritario brasiliano sarà il solo che riuscirà a istituzionalizzarsi e a organizzare in modo radicalmente nuovo gli interessi economici e sociali, assegnando a ciascuna componente una rappresentatività proporzionale alla propria importanza nella società. Progressivamente si definisce una rappresentatività di tipo corporativo che, anche se trova il suo fondamento nella tensione permanente tra i settori alti della società – i gruppi imprenditoriali – e i settori bassi della società – le classi popolari –, assegna a ciascuno, in relazione alla loro collocazione entro lo Stato autoritario, una rappresentatività che implica anche una funzione politica. Questa rappresentatività, tuttavia, non si esaurisce entro le forme corporative, perché il regime autoritario conserva le istituzioni liberali (parlamento, partiti ed elezioni), favorendo cosí, a partire dal 1975, la progressiva trasformazione delle stesse forme corporative in una nuova soluzione di tipo corporativo-liberale.

Indubbiamente, anche di fronte alla sua progressiva liberalizzazione, definita «dictablanda» dalla pubblicistica brasiliana, il regime autoritario resterà propriamente tale, perché l'esecutivo continua a privilegiare il rapporto con il polo borghese della società. Per questo motivo, la sua politica economica basata sull'industrializzazione sarà sempre piú conciliante con gli interessi economici nazionali e parzialmente discriminante rispetto agli interessi economici stranieri; inoltre, riguardo ai primi, tenderà particolarmente ad appoggiare quelli che si dimostrano capaci di competere nel contesto internazionale. La politica creditizia, e soprattutto il credito di imposta per i prodotti industriali esportati, fu concepita esclusivamente per premiare gli imprenditori che avevano saputo modernizzarsi e trasformarsi in esportatori di merci.

La grande dinamicità che caratterizza l'industria brasiliana, persino durante gli anni 1978-81, che segnano il periodo culminante della crisi economica internazionale, ci indica la portata delle grandi trasformazioni che si registrano all'interno della borghesia: la progressiva trasformazione delle sue associazioni regionali e settoriali in organizzazioni nazionali capaci di aggregare i differenti centri di interesse e le differenti capacità imprenditoriali, escludendo progressivamente gli interessi delle imprese multinazionali. Alla fine degli anni '70, i centri di interesse borghesi si saranno definiti come polo autonomo, dimostrando persino la capacità, per la prima volta nella storia del Brasile, di subordinare a sé i centri di interesse agrari.

In Brasile, il ruolo dell'esecutivo autoritario è stato pertanto altamente significativo, in quanto ha dato origine a un nuovo rapporto tra lo Stato e la società civile. Per la prima volta, in America latina, il primo termine si è reso autonomo dal secondo termine del rapporto. Grazie a questa autonomia dello Stato dalla società, è possibile comprendere come in Brasile lo Stato sia riuscito progressivamente a differenziarsi dalle stesse forze che lo avevano creato – militari, borghesia, classe media, multinazionali, ecc. –, a sviluppare un ruolo autonomo del polo borghese, appoggiando essenzialmente i suoi settori piú moderni indipendentemente dalla loro estrazione sociale e, infine, a contenere i settori popolari senza ricorrere alla repressione.

A partire dal 1975, la progressiva liberalizzazione del regime autoritario brasiliano non deriva direttamente dall'opposizione esercitata dai settori popolari esclusi dalla partecipazione politica. La ragione profonda si individua nella volontà del regime di aprirsi ai settori popolari, per permettere la sua trasformazione in una entità statale autenticamente duratura e legittimata.

Se è vero, come abbiamo già detto, che l'autoritarismo si espande in tutta l'America latina durante gli anni '70, è anche vero che esso non riuscirà a consolidarsi in alcun paese come regime. In realtà, come l'esperienza dei regimi autoritari che abbiamo esaminato dimostra con sufficiente chiarezza, il nodo centrale che negli anni '70 domina il complesso dei paesi latinoamericani è essenzialmente il bisogno di disattivare la stretta correlazione, che era stata impostata durante gli anni '50 e '60 dal neopopulismo interclassista, tra la crescita economica e la crescita politica. L'autoritarismo è precisamente il meccanismo che doveva permettere l'attuazione di questo cambiamento, favorendo la nascita di una nuova forma di nazionalismo, tendenzialmente classista.

Tuttavia, durante gli anni '70, in una certa misura due paesi sembrano sottrarsi a questa evoluzione verso il nazionalismo autoritario: il Messico e il Venezuela. Si sarebbe indotti a pensare che il vecchio populismo sopravviva nei paesi in cui la crisi economica si manifesta in modo meno traumatico, ovvero i paesi esportatori di petrolio, che dispongono dei necessari strumenti e di risorse sufficienti per ritardare la crisi della politica interclassista.

Un ragionamento di questo tipo, comunque, ci sembra eccessivamente semplicistico. È semplicistico specialmente per il Messico, in quanto non considera con la dovuta importanza il fatto che questo è l'unico paese che ha conosciuto una rivoluzione borghese, quella del 1910-17, che ha conferito all'ordine istituzionale la capacità politica, e non puramente repressiva, di frenare e isolare le tendenze autoritarie. Questo ragionamento sarebbe anche semplicistico per il Venezuela, dove il ritorno a un regime costituzionale nel 1958 dovrà essere difeso, nel corso della prima metà degli anni '60, dalle minacce della guerriglia e dalle tendenze di destra che si annidavano all'interno delle forze armate. Il ridimensionamento dei due opposti estremismi si realizza grazie alla progressiva convergenza dei due partiti interclassisti sino a questo momento contrapposti, il Copei, di ispirazione cristiano-sociale, e Acción Democrática, di ispirazione socialdemocratica, che diedero vita a un bipartitismo fondato su una tendenziale alternanza di potere.

In Messico è evidente che nel corso degli anni '60, all'interno del partito-Stato – il Partido Revolucionario Institucional –, emergono alcune tendenze autoritarie, che si esprimono contestualmente alla politica del presidente Díaz Ordaz. Questa politica, che determinerà un'importante ribellione studentesca nel 1968, costrinse il partito di governo a rivedere la propria linea e a sviluppare, sotto la presidenza di Luis Echavarría (1970-76), una serie di riforme economiche, finalizzate a riattivare il processo ridistributivo. Senza dubbio, queste riforme poterono essere attuate mediante l'utilizzazione delle nuove entrate statali ottenute dall'incremento del prezzo del petrolio dopo il 1973. Solo a partire dal 1976, durante la presidenza di José López Portillo (1976-82), si rilevano i primi segni della depressione economica, che nel 1977 favoriranno l'approvazione di un'importante riforma politica. Con questa riforma vengono riconosciuti formalmente, come associazioni di interesse pubblico, i partiti che partecipano alle consultazioni elettorali, e si modifica il sistema elettorale allo scopo di facilitare la rappresentanza in parlamento dei partiti di opposizione.

In Messico la dimensione economica ha risentito maggiormente l'influenza dell'autoritarismo. Infatti, a causa della diffusione del neoliberismo, specialmente dopo il 1976, si registra un'accelerazione del processo di integrazione economica delle regioni del nord, nelle aree di frontiera con gli Stati Uniti, risulta frenata l'espansione delle imprese statali e delle stesse sovvenzioni statali alle imprese private.

Anche in Venezuela, a partire dal 1973, si assiste a una riattivazione del nazionalismo interclassista ridistributivo. Questa tendenza si rileva sotto la presidenza di Carlos Andrés Pérez, soprattutto con la nazionalizzazione delle aziende petrolifere nel 1975, che restituí allo Stato una consistente parte delle risorse ottenute dall'aumento del prezzo del petrolio. L'ampliamento del ruolo dello Stato nell'economia, attraverso la nazionalizzazione del petrolio, del ferro e dell'elettricità, congiuntamente alla creazione di agenzie statali di promozione economica (Fondo de inversiones industriales, Fondo nacional de inversiones, Fondo de inversiones agrícolas) e alla riorganizzazione di quelle preesistenti (Corporación venezolana de fomento), favorirà l'espansione dell'occupazione e determinerà un consistente miglioramento dei livelli di vita, soprattutto delle classi medie. Questo processo incomincerà a rallentarsi, specialmente a partire dal 1978, favorendo l'elaborazione di nuove politiche economiche di tipo neoliberista, che dopo il 1981 bloccheranno lo sviluppo delle imprese statali.

3. *Il declino delle forme autoritarie*.

Si è insistito piú volte sul fatto che i regimi autoritari e le forme autoritarie che penetrano nei sistemi nazional-populisti sono una risposta alla crisi delle politiche ridistribuzioniste e al nuovo contesto mondiale, caratterizzato da un'ulteriore espansione degli scambi internazionali. Da questo deriva, all'interno dei regimi autoritari, la definitiva insostenibilità dell'idea di nazione come patrimonio collettivo di tutti, e all'interno dei regimi nazional-populisti una maggiore attenzione per i ceti alti. In entrambi i casi, viene meno l'unità artificiale della vita nazionale, poiché l'incremento del potere statale, ottenuto attraverso la repressione e il controllo preventivo, scompone e frammenta l'organicità sociale. In altri termini, il risultato principale dell'autoritarismo è stato quello di spingere gli attori sociali verso un crescente corporativismo, diminuendo di conseguenza le loro capacità di interazione sociale e politica, permettendo allo Stato di acquisire una maggiore indipendenza nei confronti degli attori sociali.

Cosí l'autoritarismo contribuisce a ridefinire l'economia, la società e la politica, creando inoltre una cultura della modernità basata quasi esclusivamente sulla dimensione economica e, soprattutto, sull'industrialismo orientato verso il mercato esterno. Ancora una volta, dunque, le tendenze conservatrici, che il nazional-populismo pensava di aver definitivamente liquidate, si ripresentano in quasi tutte le aree latinoamericane. Il processo di trasformazione risultante dall'interazione di una pluralità di dimensioni, da quella economica a quella culturale, passando attraverso quella sociale e quella politica, entra cosí in una fase di stagnazione.

La vittoria del polo autoritario, tuttavia, non significò la definitiva liquidazione del polo nazional-populista. I settori sociali esclusi dalla nuova dinamica autoritaria, infatti, ripiegati nella dimensione corporativa, continueranno a mantenere un'opzione nazional-populista in una versione aggiornata di tipo neoprogressista. La scomposizione della tensione tra il nazional-populismo e l'autoritarismo, a cui corrisponde l'avvio di una nuova dinamica, è il risultato derivato dagli effetti politici, sociali e culturali provocati dalla crisi economica e finanziaria iniziatasi nei primi anni '80.

Di questa crisi, avviatasi nel 1981, è soprattutto evidente la forte crescita del debito estero, che passa da 222 miliardi di dollari nel 1980 a 368 miliardi nel 1985. Il debito estero, tuttavia, è un pessimo indicatore della reale situazione economica dei paesi latinoamericani, poiché non tiene conto di alcuni dati piú significativi, e precisamente: il ristagno dell'economia internazionale, la perdita di competitività delle esportazioni, la ridotta crescita del mercato interno e l'espansione degli investimenti pubblici sulla base di progetti di sviluppo infrastrutturali e industriali elaborati negli anni '70. Per fare fronte a questa congiuntura negativa, i governi e le aziende, pubbliche e private, incominceranno a ricorrere massicciamente ai prestiti delle banche internazionali e, in misura minore, alle agenzie internazionali di sviluppo (la Banca mondiale, la Banca interamericana di sviluppo) e ai governi stranieri, in un momento in cui i tassi di interesse internazionali sono in rapida crescita.

La conseguenza piú significativa dell'andamento negativo degli anni '80 si può sinteticamente descrivere dicendo che tutti i paesi dell'area latinoamericana, compresa Cuba, si trovano nell'impossibilità di destinare ulteriori risorse ai nuovi investimenti, che sono i presupposti per qualsiasi processo di trasformazione economica.

Il risultato di questa paralisi del processo di trasformazione si può riassumere nel decremento che registra il prodotto lordo interno pro capite dell'America latina che, per la prima volta in quarant'anni, diminuisce del 5,5 per cento tra il 1980 e il 1987. Gli unici paesi in cui si manifesta una crescita del prodotto lordo interno pro capite, negli anni tra il 1980 e il 1987, sono il Brasile (+4,1 per cento) e la Colombia (+7,3 per cento), mentre altri registrano fortissimi decrementi, come la Bolivia (-27,5 per cento) e El Salvador (-20,5 per cento). In altri termini, si può rilevare che la crisi colpirà piú duramente i paesi che avevano avuto una minore intensità di trasformazione negli anni compresi tra il 1940 e il 1970.

Abbiamo voluto ricordare questi dati per cercare di evidenziare come il peso della crisi economica finirà per investire l'intera società, con il risultato che la maggior parte della popolazione, nel triennio 1985-87, dovrà sopportare livelli di vita simili, se non addirittura inferiori, a quelli del triennio 1973-75. Inoltre, questo deterioramento dei livelli di vita sarà condizionato fortemente dall'iperinflazione, che è stata del 56,1 per cento nel 1980 e del 275,3 per cento nel 1985, e che provocherà, a sua volta, un rilevante deterioramento dei salari reali, che tra il 1980 e il 1983 diminuiranno del 10 per cento in Argentina, del 20 per cento in Messico e del 30 per cento in Perú, mentre ristagneranno in altri paesi, come Brasile e Colombia.

A questa acutissima recessione, simile soltanto a quella degli anni '30, i singoli paesi risponderanno con il tentativo di incrementare le esportazioni. Tuttavia, solo alcuni paesi, ovvero quelli che avevano conosciuto una maggiore intensità di trasformazione, potranno concretizzare positivamente questa scelta di politica economica. Vi riuscirà il Messico, che nel 1981 aveva un deficit commerciale di 13,9 miliardi di dollari e nel 1983 conseguirà un eccedente commerciale di 5,3 miliardi di dollari, mentre il Brasile riuscirà ad accumulare un eccedente commerciale di 15 miliardi di dollari nel 1984 e di 12 miliardi nel 1985.

In quasi tutta l'area latinoamericana si assiste a una duplice negazione derivante dalla grave recessione: dell'autoritarismo, incapace di realizzare nuove politiche di sviluppo in grado, come in passato, di soddisfare i ceti alti e i ceti medi; del nazional-populismo, che non potrà piú proporre i propri progetti ridistributivi e partecipativi. Questa duplice negazione coinvolge tutti gli attori sociali, – imprenditori, ceti medi e classi popolari, – che sotto gli effetti della crisi subiscono la riduzione dei loro redditi, profitti, stipendi e salari, a cui si aggiunge un rilevante incremento della disoccupazione che peggiora ulteriormente le condizioni di vita dei ceti poveri. Inoltre, e questo avviene soprattutto nei regimi autoritari, con la crisi si verifica un peggioramento dell'esiguo potere contrattuale di questi attori sociali.

In questo modo, si consolida la presenza di una reazione che, prima ancora di essere politica, è sociale, poiché gli attori sociali, indipendentemente dalla classe di appartenenza, chiedono essenzialmente una cosa: una nuova forma di convivenza che renda autonoma la società dalla politica, e la politica dall'economia. Non è ancora una vera e propria progettualità, quanto piuttosto una nuova sensibilità collettiva che abbandona definitivamente le istanze partecipative del nazional-populismo e le istanze corporative dell'autoritarismo. In altri termini, si è in presenza di una nuova richiesta di libertà che ricorda altri momenti della storia latinoamericana, specialmente il decennio 1910-20, quando gli attori sociali di allora, i ceti medi produttivi, tentavano – senza peraltro riuscire nel loro scopo – di liberalizzare il vecchio sistema politico notabiliare, con la lotta per il suffragio universale e segreto.

È in questo clima che affiora un nuovo concetto nella politica dell'America latina, la democrazia. Questo concetto, alquanto estraneo alla cultura politica latinoamericana, in passato era stato visto piuttosto come uno strumento al servizio delle posizioni conservatrici e moderate, o come strumento per favorire l'infiltrazione ideologica degli Stati Uniti. L'idea stessa di democrazia era stata rigidamente criticata, e quindi accantonata, dagli intellettuali nazional-populisti, da quelli conservatori e anche da quelli marxisti.

Negli anni '80, l'idea di democrazia si diffonde in opposizione al potere dei regimi autoritari come alle proposte di mutamento radicale, rivoluzionario. Il suo scopo prioritario è quello di sostituirsi ai regimi autoritari e nazional-populisti, per dare vita a un sistema politico in grado di rappresentare le diverse istanze del corpo sociale.

Questa progettualità riesce a infondere nella mobilitazione sociale antiautoritaria un contenuto politico, culturale e persino morale, poiché è proprio dalla difesa dei diritti umani che incominciano a saldarsi le istanze popolari con le istanze dei ceti medi e della borghesia. I fronti e le alleanze politiche che ritroviamo alla base della transizione dall'autoritarismo alla democrazia hanno il supporto di questo precedente. Così è avvenuto con il Frente Ampla brasiliano, che riuscí ad aggregare tutti gli avversari del regime autoritario, quelli vecchi – come l'ex presidente Kubitschek –, quelli nuovi – come il dirigente sindacale Lula –, le organizzazioni di quartiere – influenzate dalla Chiesa cattolica – e i preesistenti sindacati. Questo stesso fenomeno si verifica in Uruguay dove, tramite un referendum popolare, nel 1980 fu possibile bloccare il progetto di costituzione autoritaria proposto dal regime militare. Si è verificato anche in Cile, nel 1988, quando con un referendum è stato possibile bocciare la proposta di continuità del regime di Pinochet. Un fenomeno similare, anche se sarà gestito da un partito politico, è la vittoria di Alfonsín, della Unión Civica Radical, nelle elezioni presidenziali argentine del 1983.

Questo orientamento in senso democratico è presente persino nei paesi in cui, pur sussistendo il sistema nazional-populistico, si verifica l'assorbimento di alcuni elementi autoritari. È il caso del Messico, in cui il partito governativo – Partido Revolucionario Institucional –, che aveva pienamente appoggiato e incoraggiato le politiche modernizzatrici rivolte a contenere il processo di ridistribuzione, sarà fortemente ridimensionato nelle elezioni del 1988 dal Frente Democratico Nacional, una coalizione di partiti vecchi e nuovi di centro-sinistra. Ne deriverà che, per la prima volta nella storia contemporanea del Messico, il nuovo presidente non potrà piú contare sulla maggioranza assoluta in parlamento.

4. *Verso la democrazia?*

È già stato detto che la nuova cultura politica democratica emerge come conseguenza del declino dell'autoritarismo e del nazional-populismo, nel momento in cui queste soluzioni politiche si rivelano incapaci di rilanciare il processo di trasformazione iniziatosi negli anni '40. Tuttavia, l'emergenza di questa nuova cultura politica, capace di rendere autonomi gli attori sociali e di orientarli verso un processo di collaborazione fondato sul pluralismo, non significa che i paesi latinoamericani si stiano dirigendo, con passo sicuro, verso la democrazia. Le possibilità di regressione, nel nazional-populismo come nell'autoritarismo, sono sempre possibili. Cosí è avvenuto in Perú, nel 1985, con l'elezione di Alan García alla presidenza della repubblica, e il fantasma di nuovi colpi di Stato militari è tuttora presente in Argentina e in Brasile.

Siamo quindi in presenza di un processo incompleto di transizione verso la democrazia. Questa incompletezza è il risultato degli elementi autoritari e neopopulisti presenti nelle aree latinoamericane, verificabili a partire dai processi elettorali liberi che si sono avuti nei singoli paesi negli anni '80.

I processi elettorali ci mostrano che, quantunque la maggioranza dei cittadini abbia fatto una scelta orientata a stimolare un sistema democratico, l'altra metà, o quasi, è ancora favorevole a una scelta di tipo nazional-populista o autoritaria. Questa ambiguità di fondo, peraltro presente in qualsiasi processo storico, in assenza di altri indicatori rende estremamente difficile comprendere le possibili direzioni delle trasformazioni in atto.

Tuttavia, si può rilevare che, oltre all'autoritarismo, anche il nazional-populismo contiene al suo interno taluni elementi che possono condizionare negativamente l'evoluzione democratica dei paesi latinoamericani. Questi elementi, com'è ovvio, sono connaturati nella matrice conservatrice dell'autoritarismo, ma sussistono anche nel nazional-populismo, sebbene oggi questa soluzione politica si presenti con una etichetta progressista. L'autoritarismo, esplicitamente, e il nazional-populismo, implicitamente, negano il principio fondamentale della democrazia: l'uguaglianza. Infatti, l'autoritarismo è fondamentalmente gerarchico e tende a impostare un sistema politico in cui i ceti alti, e particolarmente la borghesia, abbiano un maggior peso e una maggiore rappresentatività rispetto ai ceti popolari, assumendo così il carattere di sistema di tipo neocorporativo. Il nazional-populismo, invece, identificando il popolo come soggetto collettivo del sistema politico, tende a non distinguere la società dalla politica, attribuendo all'uguaglianza essenzialmente un valore di protezione sociale.

L'autoritarismo e il nazional-populismo esprimono una sorta di integrazione reciproca, poiché entrambi negano ciò che una buona metà dell'elettorato richiede, ossia l'uguaglianza democratica che non è gerarchica né collettivistica. I democratici latinoamericani chiedono la realizzazione della garanzia espressa dalle costituzioni politiche, di un eguale godimento, da parte di tutti i singoli cittadini, dei diritti fondamentali, senza discriminazioni derivanti dalla classe sociale di appartenenza, dal sesso, dalla religione o dall'etnia. In altri termini, esiste una maggioranza che chiede il riconoscimento, come realmente fondamentali, dei diritti che nelle costituzioni formali sono attribuiti a tutti i cittadini indistintamente, rivendicando quindi un'uguaglianza che non sia soltanto giuridica ma anche, allo stesso tempo, sociale, politica ed economica, al cui interno l'elemento principale sia riconoscibile nella cittadinanza e non nella nazionalità.

La trasformazione avvenuta negli anni '80 è particolarmente significativa e importante in quanto, elevando il cittadino a soggetto individuale e centrale delle azioni collettive, finalmente si rivaluta anche l'uomo di carne e ossa, un uomo storicamente definito, ed è possibile superare definitivamente l'archetipo nazionale, storicamente indeterminato, voluto dalla cultura politica nazionalista. In questo modo si compie un passo in avanti verso la riunificazione della dimensione giuridica con la dimensione sociale, con quella economica e quella politica, che in precedenza si presentavano profondamente scisse. Questa scissione era servita a favorire l'affermazione di sistemi politici che, anche se tutelavano tutti i cittadini, nella pratica politica non offrivano le uguali garanzie a tutti: piuttosto, o privilegiavano il gruppo etnico di derivazione europea, penalizzando conseguentemente gli altri, o privilegiavano i ceti urbani, penalizzando quindi quelli del settore rurale.

L'autoritarismo e il nazional-populismo hanno un secondo elemento che li accomuna oggettivamente, rendendoli incompatibili con la democrazia: lo statalismo. La loro idea di Stato è quella di una forte entità statale centralizzata che, a partire dalla capitale o dal distretto federale, a seconda dell'ordinamento unitario o federale esistente, domina sulla restante parte del paese. Nel trentennio compreso tra gli anni 1940-70, lo Stato forte centralizzatore svolse un'importante funzione storica, quella di unificare i paesi, di estendere territorialmente le trasformazioni e di subordinare al governo centrale i poteri effettuali regionali, di tipo oligarchico. Oggi, viceversa, questa caratteristica si configura come un elemento negativo, in quanto, estendendo in dismisura il potere esecutivo, ha fatto assumere alla funzione del presidente della repubblica una sorta di ruolo imperiale, capace di ridurre, e a volte persino di reprimere, la libertà politica dei cittadini. L'egemonia dell'esecutivo, in ultima analisi, ha impedito l'avvio di quelle procedure democratiche che, assunte con decisioni di tipo collettivo, siano in grado di dare una risposta positiva alle domande di partecipazione di una società civile pluralista.

È possibile pensare che i cittadini favorevoli all'opzione democratica si siano opposti al crescente potere dell'esecutivo mediante l'utilizzazione dello strumento elettorale, per servirsene contro questa crescente riduzione delle loro libertà e contro l'inconsistenza di autentiche procedure democratiche che li garantiscano dall'arbitrio dello Stato. I cittadini, dunque, rivendicano la soppressione di tutte le procedure di tipo clientelare e, non ultime, di quelle gestite direttamente dal presidente della repubblica o dai suoi delegati, i segretari di Stato. Una buona metà dei cittadini rivendica l'istituzione di procedure politiche fondate sul principio della necessità di decentrare i poteri dello Stato, creando una pluralità di meccanismi partecipativi differenziati, proprio nella consapevolezza che le attuali società latinoamericane sono caratterizzate da un duplice ordine di conflittualità: le conflittualità principali – di classe – e le conflittualità minori – corporative, locali, regionali, ecc.

La persistenza delle forze non democratiche, rappresentate dall'autoritarismo conservatore e dal nazional-populismo progressista, impedisce il pieno riconoscimento dell'uguaglianza dei cittadini e la conseguente affermazione di procedure partecipative in senso democratico. Da questa circostanza deriva non solo il ritardo del processo democratico ma, ancora più in generale, anche il ritardo che si verifica nel processo verso la modernità. Pertanto, non è casuale che le forze dell'autoritarismo come quelle del nazional-populismo si sostengano vicendevolmente, argomentando che le realtà latinoamericane richiedono prevalentemente dei correttivi di natura economica. Per questo le posizioni neoconservatrici sostengono la necessità di riattivare gli investimenti, lasciando libere le forze di mercato, mentre le posizioni neopopuliste sostengono la necessità di ridurre la dipendenza dall'esterno, tramite il disconoscimento del debito estero. In questo modo, entrambe le tendenze non democratiche annichiliscono le capacità dei cittadini di superare creativamente, a partire dalle loro risorse intellettuali, le avverse condizioni economiche e sociali, senza tuttavia negare l'economia di mercato e la necessità di impostare una politica capace di ridurre gli squilibri e le contraddizioni esistenti. Le forze democratiche dell'America latina, pertanto, possono essere considerate, a pieno titolo, quali fattori di rifondazione dell'economia, della società, della politica e della cultura.

L'emergenza di questa terza forza, democratica e riformatrice, è la vera novità degli anni '80, poiché essa frantuma la tensione bipolare, esistente tra la tendenza conservatrice e quella neopopulista, che soggiace a tutto il processo di trasformazione realizzatosi tra gli anni '40 e gli anni '70. Questa terza forza è essa stessa il risultato, forse quello piú importante, dell'intero processo che portò l'America latina lungo il percorso della modernità. È a partire da questa nuova forza democratica che la grande trasformazione dell'America latina potrà rimettersi in moto.

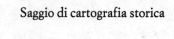

Saggio di cartografia storica

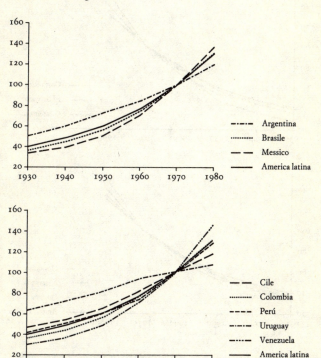

Figura 1.
La crescita demografica.

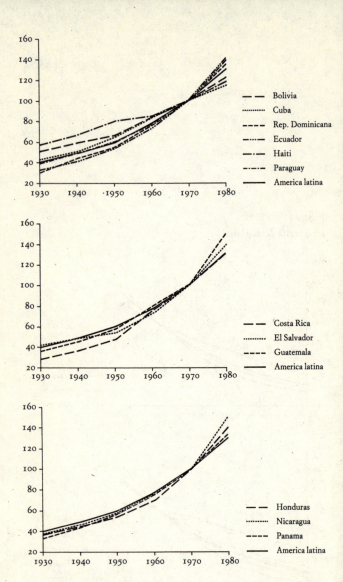

La crescita demografica, un vero e proprio boom, non solo rappresenta il fenomeno piú significativo delle aree latinoamericane, ma è anche il fenomeno che scatena i processi di trasformazione.

Figura 2.
La densità della popolazione.

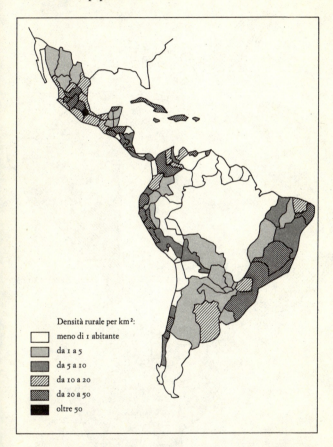

La densità della popolazione, ricavata sulla base dei censimenti effettuati tra il 1960 e il 1970, illustra le regioni geografiche dei diversi paesi dove si è concentrata la crescita demografica. Si può vedere che l'intensità del fenomeno si verifica soprattutto nelle regioni in cui il forte insediamento umano era già iniziato precedentemente al 1940.

154 SAGGIO DI CARTOGRAFIA STORICA

Figura 3.
Il rapporto città-campagna.

SAGGIO DI CARTOGRAFIA STORICA

Fonte: Richard W. Wilkie, *Latin American Population and Urbanization Analysis*, Latin American Center, Los Angeles 1984, p. 17.

Il rapporto città-campagna è stato progressivamente trasformato dalle gerarchie dell'insediamento umano. Tra il 1950 e il 1970 le aree latinoamericane evolvono da un tipo d'insediamento caratterizzato dal contrappunto tra habitat disperso e città elementare verso un tipo di insediamento caratterizzato dalla polarizzazione tra habitat disperso e metropoli. Questa evoluzione si verifica in modo estremamente variabile a seconda dei paesi. Attualmente, in molti paesi, la maggioranza della popolazione è concentrata entro città con piú di 500 000 abitanti.

Figura 4.
L'espansione delle grandi capitali.

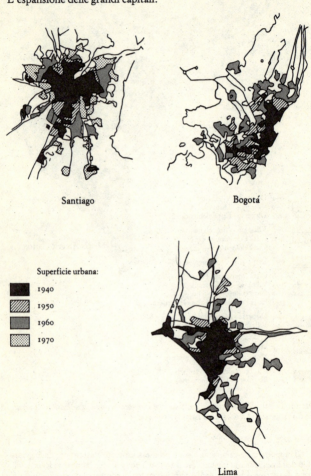

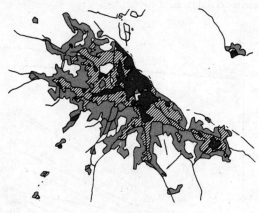

Buenos Aires

Superficie urbana:
- 1943
- 1964
- 2000

L'espansione delle grandi capitali ha ingigantito le superfici urbane. Attualmente le grandi capitali racchiudono popolazioni variabili tra i 4 milioni (Caracas) e i 19 milioni di abitanti (Città del Messico). La crescita delle metropoli è destinata a continuare; è previsto che nel 2000 tre su quattro abitanti dell'America latina vivranno all'interno di una metropoli.

Figura 5.
La crescita dei ceti medi.

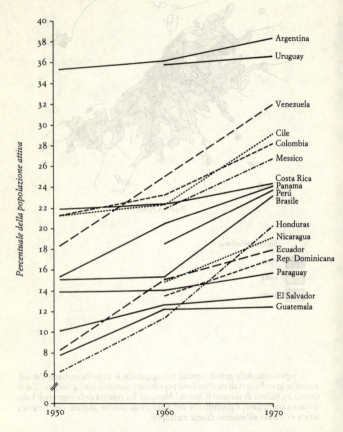

La crescita dei ceti medi costituisce la trasformazione sociale piú significativa dal punto di vista qualitativo. Infatti, sono i ceti medi, sviluppatisi prevalentemente nelle aree urbane, che spingono verso la modernizzazione. Si può notare, tuttavia, che la crescita dei ceti medi è stata piú rapida nel periodo precedente al 1960.

Figura 6.
L'evoluzione del prodotto lordo pro capite (1955-80).

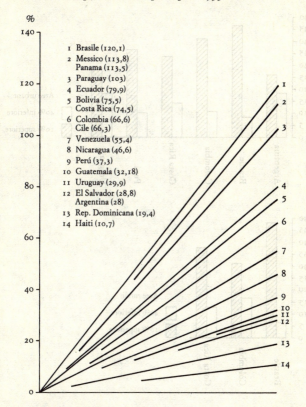

L'evoluzione del prodotto lordo pro capite (1955-80), ossia la quantità di beni e di servizi prodotti per ogni abitante, è inferiore alla crescita demografica. Infatti, mentre la popolazione è raddoppiata tra il 1940 e il 1980, il prodotto lordo pro capite è cresciuto di appena un terzo. Tuttavia, i paesi come il Brasile e il Messico, dove si registra una maggiore intensità di trasformazione, sono riusciti a raddoppiare il loro prodotto lordo pro capite; viceversa, i paesi che restano esclusi dalla trasformazione, come Haiti, praticamente non registrano alcuna crescita.

Figura 7.
La distribuzione del reddito tra le famiglie.

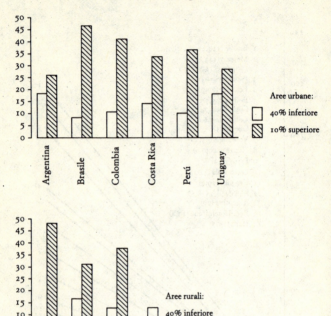

La distribuzione del reddito tra le famiglie, sia nelle aree urbane sia in quelle rurali, è estremamente polarizzata: troppo poco alla maggior parte delle famiglie e molto a una minoranza. In altri termini, le trasformazioni economiche sembrano aver favorito i ceti alti della società, probabilmente perché le politiche governative tendono a privilegiare l'accumulazione privata.

Figura 8.
La proprietà della terra.

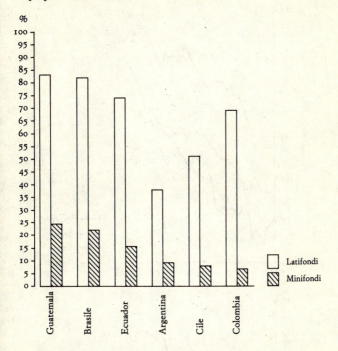

La proprietà della terra, nei paesi che non hanno avuto una riforma agraria, è tuttora concentrata nei latifondi. Molti latifondi, tuttavia, sono stati trasformati in imprese gestite con criteri di economicità.

Figura 9.
L'industria.

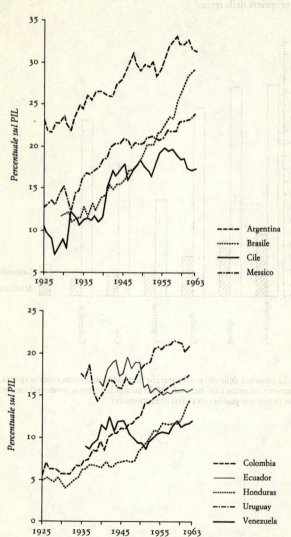

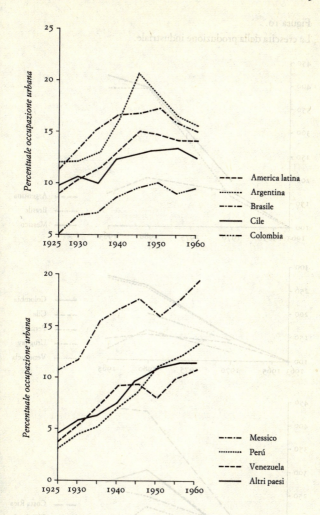

L'industria conosce una notevole crescita tra il 1925 e il 1960, incrementando il suo peso relativo nel prodotto lordo interno. Da questa crescita deriva altresí l'incremento del livello dell'occupazione urbana. Si può inoltre notare che l'espansione dell'industria è stata assai piú forte nei grandi paesi – Argentina, Brasile e Messico – rispetto ai medi e ai piccoli paesi.

Figura 10.
La crescita della produzione industriale.

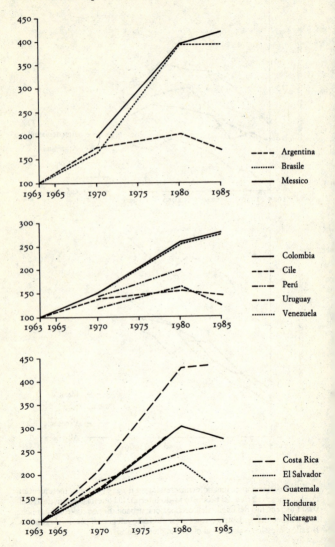

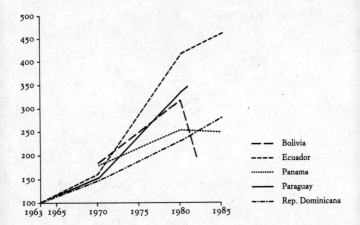

La crescita della produzione industriale, tra il 1963 (= 100) e il 1985, si è manifestata soprattutto in due grandi paesi, il Brasile e il Messico, mentre è stata assai contenuta in tutti gli altri paesi latinoamericani.

Figura 11.
L'attività della guerriglia.

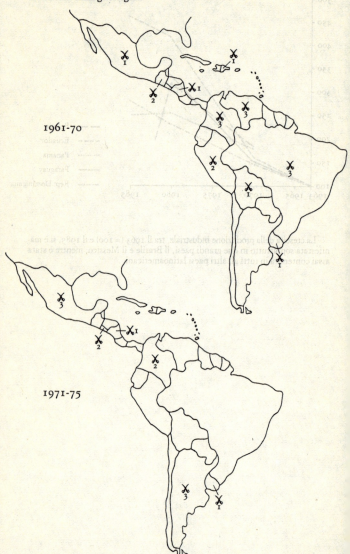

SAGGIO DI CARTOGRAFIA STORICA

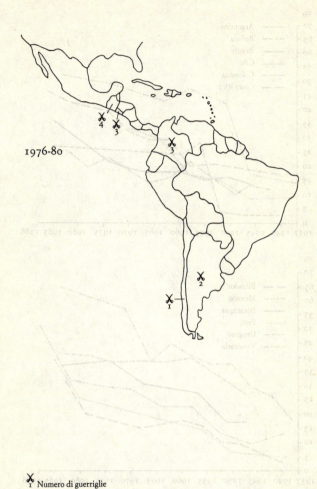

L'attività della guerriglia si manifesta a partire dagli anni '60, ovvero nel momento in cui ristagna la partecipazione elettorale (vedi fig. 12). Inoltre, si può notare che l'evoluzione della guerriglia è inversamente proporzionale all'evoluzione della partecipazione elettorale.

Figura 12.
La partecipazione elettorale.

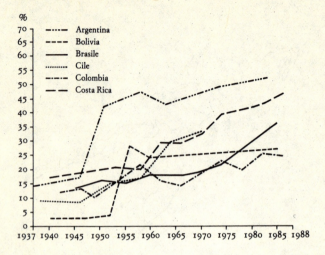

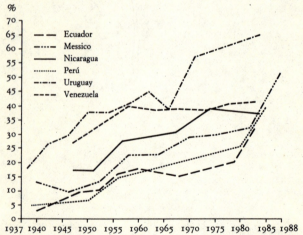

La partecipazione elettorale, ottimo indicatore delle trasformazioni politiche, ci mostra che solo a partire dagli anni '50 si verifica una vera mobilitazione delle masse. Questa mobilitazione conosce un ristagno negli anni '60 e '70, per poi espandersi notevolmente a partire dagli anni '80. Infatti, è proprio negli anni '80 che avviene una rivitalizzazione dei processi democratici.

Figura 13.
Il consenso ai regimi autoritari.

Brasile: elezioni parlamentari 1978.

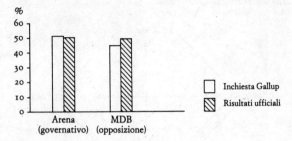

Uruguay: plebiscito per l'approvazione della nuova costituzione autoritaria 1980.

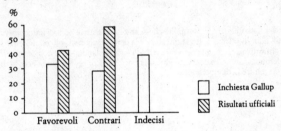

Cile: plebiscito per l'approvazione della nuova costituzione autoritaria 1980.

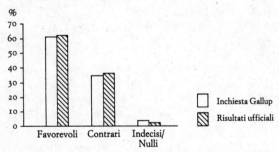

Il consenso ai regimi autoritari è stato assai diffuso negli anni '70 e nei primi anni '80. Questo consenso non è venuto soltanto dalla borghesia ma anche da consistenti settori dei ceti medi.

Figura 14.
Dalla dittatura alla democrazia.

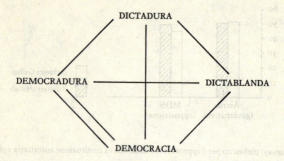

La figura illustra le possibilità che si aprono ai sistemi politici latinoamericani negli anni '80. Infatti, tra la dittatura e la democrazia non solo esistono possibilità intermedie, come la dittatura tiepida – dictablanda – o la democrazia forte – democradura –, ma sussiste altresí la possibilità di regressione verso la dittatura tramite la democradura.

Bibliografia critica

Questa bibliografia, che non ha assolutamente la pretesa di essere esauriente, ha lo scopo di orientare il lettore che intenda approfondire gli aspetti analizzati nel volume, confrontando le nostre interpretazioni della realtà latinoamericana con le altre. Dopo aver rinunciato a presentare una bibliografia esauriente, rinunciamo anche a offrire al lettore la presentazione dei testi non pubblicati in Italia. Questo a causa della situazione di arretratezza delle nostre biblioteche, siano esse nazionali o universitarie, generalmente carenti di personale specializzato e di adeguata organizzazione, che sinora non hanno concretizzato l'impostazione di fondi bibliotecari omogenei relativamente alla storia latinoamericana. Pertanto, ci auguriamo che il lettore possa almeno riuscire a rintracciare la bibliografia italiana che qui indichiamo.

Oltre alla generale arretratezza delle biblioteche, è conveniente avvertire i lettori che i testi riguardanti l'America latina, pubblicati in Italia, sono pochi; non sono necessariamente i migliori o, quanto meno, i piú significativi. Anche in questo senso, chi è interessato ad approfondire le tematiche latinoamericane deve fare i conti con altri due grandi limiti: dell'editoria, le cui politiche culturali non sono sempre comprensibili; dell'organizzazione universitaria, che ancora considera le tematiche latinoamericane – come peraltro anche quelle delle aree africane o asiatiche o, addirittura, nordamericane – appartenenti a spazi culturali troppo lontani e, quindi, esotici. Da queste valutazioni deriva che l'Italia è, tra i paesi piú industrializzati, quello che destina meno risorse agli studi e alle vicende dei paesi extra-europei.

Allo scopo di guidare il lettore verso gli studi piú significativi che esistono in italiano, abbiamo suddiviso la bibliografia secondo l'ordine dei capitoli di questo volume.

1. *Introduzione*.

Per comprendere i fenomeni precedenti al processo di trasformazione, iniziatosi negli anni '40, si vedano: T. Halperin Donghi, *Storia dell'America latina*, Einaudi, Torino 1968; C. Gibson, M. Carmagnani e J. Oddone, *L'America latina*, *Storia universale dei popoli e delle civiltà*, vol. XV, Utet, Torino 1976. Un'ulteriore informazione si ottiene dalla consultazione di: M. Carmagnani, *La grande illusione delle oligarchie. Stato e società in America latina (1850-1930)*, Loescher, Torino 1981; Id., *L'America latina dal '500 a oggi. Nascita, espansione e crisi di un sistema feudale*, Feltrinelli, Milano 1975. Questi testi forniscono un'informazione relativamente soddisfacente sui processi economici, sociali, politici e culturali del periodo 1940-70.

11. *Il passaggio verso una società di tipo urbano*.

Il migliore studio per comprendere la trasformazione sociale dell'America latina rimane: G. Germani, *Sociologia della modernizzazione. L'esperienza dell'America latina*, Laterza, Bari 1971. La raccolta di saggi, curata da P. Singer, *Economia politica e processi di urbanizzazione*, Marsilio, Padova 1978, nonostante l'evidente eterogeneità, fornisce un'utile informazione sul fenomeno della metropolizzazione e sulla crescita delle aree urbane. Malgrado la sua impostazione terzomondista, la raccolta di saggi curata da M. Castells, *Imperialismo e urbanizzazione in America latina*, Mazzotta, Milano 1972, contiene due scritti di particolare interesse, piú precisamente quelli di A. Quijano e di H. Muñoz Garcia, che illustrano i fenomeni dell'occupazione e del sottoproletariato urbano.

Per approfondire le trasformazioni sociali sono particolarmente utili i saggi critici di E. Scarzanella sulle *Borghesie nazionali*, e di G. Bertola su *Marginalità e sottoproletariato*, pubblicati nel volume curato da M. Carmagnani, *Il mondo contemporaneo. Storia dell'America latina*, La Nuova Italia, Firenze 1979. Si veda, inoltre, F. P. Cerase, L. Razeto e F. F. Consoli, *Classi e istituzioni in America Latina*, Carucci, Roma 1977.

Per compensare la mancanza di studi relativi alle questioni etniche, rinviamo a due ottimi libri, il primo curato da R. Romano, *America indiana*, Einaudi, Torino 1976 e il secondo di R. Bastide, *Le americhe nere*, Sansoni, Firenze 1970.

III. *Lo sviluppo industriale e la crescita economica*.

Lo studio di C. Furtado, *L'economia latinoamericana*, Laterza, Bari 1971, è un'utile descrizione della vita economica. Un'opera dello stesso autore, *Gli Stati Uniti e il sottosviluppo dell'America latina*, Angeli, Milano 1975, può essere utile per una migliore comprensione dei condizionamenti economici esterni. Un buon quadro d'insieme è fornito da R. Cortés Conde, *Desarrollo*, in *Storia dell'America latina* cit.

Di grande interesse è il volume curato da A. O. Hirschman, *Problemi dell'America Latina*, il Mulino, Bologna 1961, poiché aiuta a capire le principali trasformazioni verificatesi nel periodo 1950-60. Lo studio di M. C. Tavares, pubblicato nel volume *America Latina. Le nuove vie dello sviluppo*, Sapere, Milano 1974, illustra con particolare attenzione e intelligenza i rapporti tra industrializzazione e crescita economica. Alcune informazioni aggiuntive si possono ricavare da: C. M. Rama, *Le imprese multinazionali dell'America latina*, Liguori, Napoli 1976.

IV. *La politica e i sistemi politici*.

Per un approfondimento degli aspetti relativi ai sistemi politici, in primo luogo si possono consultare i saggi di G. Pasquino, *Populismo* e *Regimi militari*, e di A. Annino, *Movimento operaio*, in *Storia dell'America latina* cit. Inoltre, G. Pasquino ha pubblicato un ottimo studio, *Militari e potere in America Latina*, il Mulino, Bologna 1974, che è indispensabile per la comprensione delle forme di potere affermatesi nei paesi latinoamericani.

Per approfondire i problemi della cultura politica si consigliano i seguenti saggi: G. Germani, *Autoritarismo, fascismo e classi sociali*, il Mulino, Bologna 1975; D. Ribeiro, *Il dilemma dell'America Latina*, Il Saggiatore, Milano 1976; i saggi pubblicati da S. Sechi, *Dipendenza e sottosviluppo in America latina*, Fondazione L. Einaudi, Torino 1972; infine, gli studi a cura di L. Garruccio, *Momenti dell'esperienza politica latino-americana*, il Mulino, Bologna 1974.

Sulle forme politiche nazionali, si vedano i saggi di A. Trento, *Apra*, H. W. Tobler sulla *Rivoluzione messicana* e di M. Carmagnani su *Unidad Popular* in Cile, tutti pubblicati nell'opera *Storia dell'America latina* cit.

Consigliamo inoltre gli studi di A. Annino, *Dall'insurrezione al regime. Politiche di massa e strategie istituzionali a Cuba, 1953-1965*, Angeli, Milano 1985; O. Ianni, *La crisi del populismo in Brasile*, Il Saggiatore, Milano 1974; S. Rolando, *Brasile. Società e potere*, La Nuova Italia, Firenze 1968; R. Magni, *Autogestione e sottosviluppo. Il caso del Perú*, Coines, Roma 1975; e, infine, E. Scarzanella e S. Sechi, *Società feudale e imperialismo in America latina: il caso del Cile*, Zanichelli, Bologna 1977.

v. *Una trasformazione bloccata?*

A partire dagli anni '80, si osserva un progressivo disinteresse dell'editoria per le tematiche latinoamericane. Le grandi case editrici cessano di pubblicare saggi o studi capaci di facilitare la comprensione della crisi economica e politica che aveva investito l'America latina. Tuttavia, sono da segnalare alcuni lavori relativi alle forme autoritarie: *Evoluzione e crisi dello Stato in America latina*, fascicolo monografico della rivista «Politica internazionale», n. 2, 1981, pubblicata dall'Ipalmo; il volume a cura di A. Annino, M. Carmagnani, A. Filippi e A. Melis, *Democrazia in America latina negli anni '80*, Angeli, Milano 1982. Il volume curato da F. P. Cerase, *Sviluppo capitalistico dipendente e regimi burocratico-autoritari*, Carucci, Roma 1984, contiene alcuni saggi, particolarmente quelli di G. A. O'Donnell e di F. H. Cardoso, che permettono di comprendere, nei giusti termini, il punto di vista degli intellettuali latinoamericani. Di qualche interesse è anche il volume di A. Cuevas, *Sindacato e potere in America latina*, Edizioni Lavoro, Roma 1985.

Infine, due volumi, il primo curato da G. Alberti, P. Capone, F. Cariucci e F. Delich, *Ordine internazionale, società e politica in America latina*, Marietti, Casale Monferrato 1985, e il secondo curato da R. Scartezzini, L. Germani e R. Gritti, *I limiti della democrazia. Autoritarismo e democrazia nella società moderna*, Liguori, Napoli 1985, permettono di capire sia i difficili problemi della transizione dall'autoritarismo alla democrazia, sia i condizionamenti internazionali, economici e sociali che incombono su questa transizione.

*Stampato per conto della Casa editrice Einaudi
presso la Nuova Oflito, Mappano (Torino)*

C.L. 11480

Ristampa   Anno

0 1 2 3 4 5 6 7 8   89 90 91 92 93 94 95

Piccola Biblioteca Einaudi

Volumi pubblicati nella sezione «Geografia. Storia»

Pierre George, *Geografia economica dell'Unione Sovietica* [4].
Albert Mathiez e Georges Lefebvre, *La Rivoluzione francese* (due volumi) [7].
Federico Chabod, *L'Italia contemporanea (1918-1948)* [11].
Giampiero Carocci, *Giolitti e l'età giolittiana* [12].
Pedro Henríquez Ureña, *Storia della cultura nell'America spagnola* [13].
S. H. Steinberg, *Cinque secoli di stampa* [21].
Enzo Collotti, *La Germania nazista* [22].
Franco Venturi, *Le origini dell'Enciclopedia* [26].
V. Gordon Childe, *Il progresso nel mondo antico* [27].
Jean Bérard, *La Magna Grecia* [28].
Gabriele Pepe, *Il Medio Evo barbarico d'Italia* [32].
Massimo L. Salvadori, *Gaetano Salvemini* [34].
Bruno Snell, *La cultura greca e le origini del pensiero europeo* [36].
Luigi Salvatorelli, *Pensiero e azione del Risorgimento* [37].
Allan Nevins e Henry Steele Commager, *Storia degli Stati Uniti* [42].
Benjamin Thomas, *Abramo Lincoln* [44].
Robert Jungk, *Gli apprendisti stregoni. Storia degli scienziati atomici* [45].
Léon Poliakov, *Il nazismo e lo sterminio degli Ebrei* [48].
Moses I. Finley, *Gli antichi greci* [51].
Piero Pieri, *L'Italia nella prima guerra mondiale (1915-1918)* [53].
Gino Luzzatto, *Breve storia economica dell'Italia medievale* [57].
Roland Oliver e John D. Fage, *Breve storia dell'Africa* [58].
Arturo Carlo Jemolo, *Chiesa e Stato in Italia. Dalla unificazione ai giorni nostri* [60].
Christopher Hill, *Lenin e la Rivoluzione russa* [62].
Salvatore Francesco Romano, *Le classi sociali in Italia dal Medioevo all'età contemporanea* [63].
Giorgio Spini, *Storia dell'età moderna (1515-1763)* (tre volumi) [65].
William L. Shirer, *Storia del Terzo Reich* (due volumi) [69].
Fausto Codino, *Introduzione a Omero* [70].
Gaetano Arfé, *Storia del socialismo italiano (1892-1926)* [71].
Roland H. Bainton, *La riforma protestante* [73].

Eileen Power, *Vita nel Medioevo* [74].

Jaime Vicens Vives, *Profilo della storia di Spagna* [77].

Basil Davidson, *Madre Nera. L'Africa nera e il commercio degli schiavi* [78].

Rodolfo Morandi, *Storia della grande industria in Italia (1931)* [82].

Fernand Braudel, *Il mondo attuale* (due volumi) [85].

Nello Rosselli, *Mazzini e Bakunin. Dodici anni di movimento operaio in Italia (1860-1872)* [89].

H. Stuart Hughes, *Coscienza e società. Storia delle idee in Europa dal 1890 al 1930* [90].

Arnold J. Toynbee, *Il mondo ellenico* [92].

Edward H. Carr, *Sei lezioni sulla storia* [98].

Lionel Kochan, *Storia della Russia moderna. Dal 1500 a oggi* [101].

Raymond Williams, *Cultura e Rivoluzione industriale. Inghilterra 1780-1950* [102].

Tullio Halperin Donghi, *Storia dell'America latina* [104].

B. H. Warmington, *Storia di Cartagine* [105].

Saverio Tutino, *L'ottobre cubano. Lineamenti di una storia della rivoluzione castrista* [107].

Alec Nove, *Stalinismo e antistalinismo nell'economia sovietica* [108].

Paolo Spriano, *L'occupazione delle fabbriche. Settembre 1920* [110].

Emilio Sereni, *Il capitalismo nelle campagne (1860-1900)* [112].

B. Nikolaevskij e O. Maenchen-Helfen, *Karl Marx. La vita e l'opera* [114].

Gustav Mayer, *Friedrich Engels. La vita e l'opera* [116].

Marc Bloch, *Apologia della storia* [117].

Jean Chesneaux, *L'Asia orientale nell'età dell'imperialismo. Cina, Giappone, India e Sud-Est asiatico nei secoli XIX e XX* [120].

aa.vv., *Storia della Jugoslavia. Gli slavi del sud dalle origini a oggi* [124].

Tom Kemp, *Teorie dell'imperialismo. Da Marx a oggi* [126].

W. G. Beasley, *Storia del Giappone moderno* [127].

Roberto Battaglia, *Storia della Resistenza italiana* [129].

Celso Furtado, *La formazione economica del Brasile* [130].

Giovanni Miccoli, *Delio Cantimori. La ricerca di una nuova critica storiografica* [133].

Felix Gilbert, *Machiavelli e Guicciardini. Pensiero politico e storiografia a Firenze nel Cinquecento* [135].

Adolfo Omodeo, *Studi sull'età della Restaurazione: La cultura francese nell'età della Restaurazione - Aspetti del cattolicesimo della Restaurazione* [136].

Franco Venturi, *Utopia e riforma nell'illuminismo* [139].

Eric J. Hobsbawm, *I banditi. Il banditismo sociale nell'età moderna* [153].

Andreina De Clementi, *Amadeo Bordiga* [155].

Wolfgang Abendroth, *Storia sociale del movimento operaio europeo* [158].

Paolo Spriano, *L'«Ordine Nuovo» e i Consigli di fabbrica* [166].

Ruggiero Romano, *Tra due crisi: l'Italia del Rinascimento* [167].

Fei-ling Davis, *Le società segrete in Cina (1840-1911). Forme primitive di lotta rivoluzionaria* [168].

Guido Quazza, *La decadenza italiana nella storia europea. Saggi sul Sei-Settecento* [169].

Armando De Palma, *Le macchine e l'industria da Smith a Marx* [171].

B. H. Slicher van Bath, *Storia agraria dell'Europa occidentale (500-1850)* [173].

Chi Ch'ao-ting, *Le zone economiche chiave nella storia della Cina. Studio sullo sviluppo dei lavori pubblici per il controllo delle acque* [175].

Lewis B. Namier, *La rivoluzione degli intellettuali e altri saggi sull'Ottocento europeo* [177].

Giuseppe Papagno, *Colonialismo e feudalesimo. La questione dei Prazos da Coroa nel Mozambico alla fine del secolo XIX* [180].

Alessandro Galante Garrone, *Filippo Buonarroti e i rivoluzionari dell'Ottocento (1828-1837)*. Nuova edizione ampliata [183].

Witold Kula, *Teoria economica del sistema feudale. Proposta di un modello* [184].

Eugene D. Genovese, *L'economia politica della schiavitú. Studi sull'economia e la società del Sud schiavista* [186].

Franco Venturi, *Il populismo russo*.
 I. *Herzen, Bakunin, Černyševskij* [188].
 II. *Dalla liberazione dei servi al nihilismo* [189].
 III. *Dall'andata nel popolo al terrorismo* [190].

Eric John Hobsbawm, *La rivoluzione industriale e l'Impero. Dal 1750 ai giorni nostri* [196].

Carlo Ginzburg, *I benandanti. Stregoneria e culti agrari tra Cinquecento e Seicento* [197].

Maxime Rodinson, *Maometto* [199].

Guido Quazza, Valerio Castronovo, Giorgio Rochat, Guido Neppi Modona, Giovanni Miccoli, Norberto Bobbio, *Fascismo e società italiana* [200].

Massimo L. Salvadori, *Gramsci e il problema storico della democrazia* [202].

Georges Lefebvre, *La grande paura del 1789* [204].

Marc Bloch, *I caratteri originali della storia rurale francese* [207].

Lucio Gambi, *Una geografia per la storia* [211].

Alberto Caracciolo, *L'inchiesta agraria Jacini* [212].

Alain Michel, *Tacito e il destino dell'Impero* [220].

David McLellan, *Marx prima del marxismo. Vita e opere giovanili* [222].

Eric J. Hobsbawm, *I ribelli. Forme primitive di rivolta sociale* [225].

Guido Baglioni, *L'ideologia della borghesia industriale nell'Italia liberale* [227].

Peter Brown, *Il mondo tardo antico* [228].

Jean Chesneaux, Marianne Bastid e Marie-Claire Bergère, *La Cina* [231].
 I. *Dalle guerre dell'oppio al conflitto franco-cinese (1840-1885)*.
 II. *Dalla guerra franco-cinese alla fondazione del Partito comunista cinese (1885-1921)*.

Arnaldo Momigliano, *Lo sviluppo della biografia greca* [232].

Giorgio Giorgetti, *Contadini e proprietari nell'Italia moderna. Rapporti di produzione e contratti agrari dal secolo XVI a oggi* [234].

Bruno Vecchio, *Il bosco negli scrittori italiani del Settecento e dell'età napoleonica* [235].

Darcy Ribeiro, *Le Americhe e la civiltà* [239].
  I.   *La civiltà occidentale e noi. I popoli-testimoni.*
  II. *I popoli-nuovi.*
  III. *I popoli-trapiantati. Civiltà e sviluppo.*

Roberto S. Lopez, *La rivoluzione commerciale del Medioevo* [242].

Georges Lefebvre, *L'Ottantanove* [244].

Delio Cantimori, *Umanesimo e religione nel Rinascimento* [247].

Eric J. Hobsbawm, *I rivoluzionari* [248].

David McLellan, *Il pensiero di Karl Marx* [249].

Leo Valiani, *Questioni di storia del socialismo* [252].

Franco Bonelli, *Lo sviluppo di una grande impresa in Italia. La Terni dal 1884 al 1962* [253].

Diane Shaver Clemens, *Yalta* [254].

Michelguglielmo Torri, *Dalla collaborazione alla rivoluzione non violenta. Il nazionalismo indiano da movimento di élite a movimento di massa* [255].

Luigi Dal Pane, *Antonio Labriola nella politica e nella cultura italiana* [256].

Claudio Zanier, *Accumulazione e sviluppo economico in Giappone. Dalla fine del XVI alla fine del XIX secolo* [257].

Carlo Ginzburg e Adriano Prosperi, *Giochi di pazienza. Un seminario sul «Beneficio di Cristo»* [258].

Vito Fumagalli, *Terra e società nell'Italia padana. I secoli IX e X* [267].

Anna Treves, *Le migrazioni interne nell'Italia fascista. Politica e realtà demografica* [269].

Valerio Castronovo, Paolo Farneti, Rosario Villari, Raffaele Romanelli, Giovanni Miccoli, Vittorio Foa, Giangiulio Ambrosini, Augusto Graziani, Pier Luigi Cervellati, Ernesto Galli della Loggia, Giuseppe Ricuperati, *L'Italia contemporanea 1945-1975* [271].

Eduardo Galeano, *Il saccheggio dell'America latina. Ieri e oggi* [276].

Michael M. Postan, *Storia e scienze sociali. Scritti di metodo* [279].

Giorgio Caredda, *Il Fronte popolare in Francia: 1934-1938* [294].

Paolo Spriano, *Gramsci e Gobetti. Introduzione alla vita e alle opere* [298].

Christopher Hill, *La formazione della potenza inglese. Dal 1530 al 1780* [302].

Aldo Zanardo, Massimo L. Salvadori, Rita Di Leo, Aldo Agosti, Leo Valiani, Gian Giacomo Migone, John Saville, Amedeo Cottino, Lars Göran Petterson, Riccardo Lombardi, *Riforme e rivoluzione nella storia contemporanea*. A cura di Guido Quazza [308].

Renato Zangheri, *Agricoltura e contadini nella storia d'Italia. Discussioni e ricerche* [311].

Nello Rosselli, *Carlo Pisacane nel Risorgimento italiano* [313].

Umberto Puccio, *Introduzione a Cattaneo* [321].

Francesco Renda, *I Fasci siciliani 1892-94* [323].

Ernesto Ragionieri, *La Terza Internazionale e il Partito comunista italiano. Saggi e discussioni* [328].

Paolo Spriano, *Sulla rivoluzione italiana* [331].

Jean-Pierre Vernant, *Mito e pensiero presso i Greci. Studi di psicologia storica* [332].

Georges Haupt, *L'Internazionale socialista dalla Comune a Lenin* [340].

Michael M. Postan, *Economia e società nell'Inghilterra medievale. Dal XII al XVI secolo* [347].

Giorgio Rochat e Giulio Massobrio, *Breve storia dell'esercito italiano dal 1861 al 1943* [348].

Eric J. Hobsbawm, *Studi di storia del movimento operaio* [351].

Jacques Berque, *Gli Arabi* [352].

Gaetano Cozzi, *Paolo Sarpi tra Venezia e l'Europa. La cultura e la vita politica italiana all'inizio dell'età moderna* [356].

Frances A. Yates, *Gli ultimi drammi di Shakespeare. Un nuovo tentativo di approccio* [360].

Mario Isnenghi, *Intellettuali militanti e intellettuali funzionari. Appunti sulla cultura fascista* [374].

Giorgio Chittolini, *La formazione dello Stato regionale e le istituzioni del contado. Secoli XIV e XV* [375].

Giovanni Tabacco, *Egemonie sociali e strutture del potere nel Medioevo italiano* [379].

Edward H. Carr, *La rivoluzione russa. Da Stalin a Lenin (1917-1929)* [384].

Steven Marcus, *Engels, Manchester e la classe lavoratrice* [387].

Arnaldo Momigliano, *Saggezza straniera. L'Ellenismo e le altre culture* [390].

Piero Bevilacqua, *Le campagne del Mezzogiorno tra fascismo e dopoguerra. Il caso della Calabria* [393].

Donald Sassoon, *Togliatti e la via italiana al socialismo. Il Pci dal 1944 al 1964* [394].

Lucio Villari, *L'economia della crisi. Il capitalismo dalla «grande depressione» al «crollo» del '29* [395].

Daniel Waley, *Le città-repubblica dell'Italia medievale* [398].

Nello Rosselli, *Saggi sul Risorgimento* [400].

Ruggiero Romano, *L'Europa tra due crisi (XIV e XVII secolo)* [401].

Lucien Febvre, *La terra e l'evoluzione umana. Introduzione geografica alla storia* [402].

Dieter Groh, *La Russia e l'autocoscienza d'Europa* [405].

Renato Zangheri, *Catasti e storia della proprietà terriera* [406].

Guido Bonfante, Zeffiro Ciuffoletti, Maurizio Degl'Innocenti, Giulio Sapelli, *Il movimento cooperativo in Italia. Storia e problemi*. A cura di Giulio Sapelli [407].

Fare storia. A cura di Jacques Le Goff e Pierre Nora [410].

Marc Bloch, *Lineamenti di una storia monetaria d'Europa* [414].

Jean-Pierre Vernant, *Mito e società nell'antica Grecia* seguito da *Religione greca, religioni antiche* [417].

Moses I. Finley, *Uso e abuso della storia. Il significato, lo studio e la comprensione del passato* [418].

Massimo L. Salvadori, *Dopo Marx. Saggi su socialdemocrazia e comunismo* [419].

Stuart J. Woolf, *Il Risorgimento italiano* [420].

I. *Dall'età delle riforme all'Italia napoleonica.*
II. *Dalla Restaurazione all'Unità.*

Frances A. Yates, *Cabbala e occultismo nell'età elisabettiana* [424].

Lawrence Stone, *Le cause della rivoluzione inglese. 1529-1642* [425].

Arnaldo Momigliano, *La storiografia greca* [427].

Josef V. Polišenský, *La guerra dei trent'anni. Da un conflitto locale a una guerra europea nella prima metà del Seicento* [432].

Jacques Le Goff, *La civiltà dell'Occidente medievale* [444].

Peter Burke, *Cultura e società nell'Italia del Rinascimento* [447].

Daniel P. Walker, *Possessione ed esorcismo. Francia e Inghilterra fra Cinque e Seicento* [450].

Massimo Montanari, *Campagne medievali. Strutture produttive, rapporti di lavoro, sistemi alimentari* [453].

Georges Duby, *Le società medievali* [457].

Alfred D. Chandler jr, Peter L. Payne, Jürgen Kocka, Kozo Yamamura, *Evoluzione della grande impresa e management. Stati Uniti, Gran Bretagna, Germania, Giappone* [467].

Fernand Braudel, *Civiltà e imperi del Mediterraneo nell'età di Filippo II*. Nuova edizione (due volumi) [471].

Athos Bellettini, *La popolazione italiana. Un profilo storico* [473].

Marc Bloch, *La società feudale* [480].

Marcel Roncayolo, *La città. Storia e problemi della dimensione urbana* [492].

Fernand Braudel, *Una lezione di storia* [498].

Marcello Carmagnani e Giovanni Casetta, *America latina: la grande trasformazione. 1945-1985* [506].

Dal catalogo Einaudi

Storia

AMERICA

America indiana
Arguedas, *Arte popolare, religione e cultura degli indios andini*
Burland, *Montezuma*
Freyre, *Case e catapecchie*
– *Padroni e schiavi*
Furtado, *La formazione economica del Brasile*
Genovese, *L'economia politica della schiavitú*
Halperin Donghi, *Storia dell'America latina*
Henríquez Ureña, *Storia della cultura nell'America spagnola*
Hofstadter, *Società e intellettuali in America*
Huberman, *Storia popolare degli Stati Uniti*
I profeti dell'impero americano
La condizione dello schiavo
L'autobiografia di Mamma Jones
Martinelli, *Università e società negli Stati Uniti*
Métraux, *Gli Inca*
Murra, *Formazioni economiche e politiche nel mondo andino*
Nevins - Commager, *Storia degli Stati Uniti*
Noble, *Progettando l'America*
Parrington, *Storia della cultura americana*
Popol Vuh. Le antiche storie del Quiché
Prescott, *La Conquista del Messico*
– *La Conquista del Perú*
Reed, *Il Messico insorge*
Ribeiro, *Le Americhe e la civiltà*
Spate, *Il lago spagnolo*
Storia economica Cambridge
   VII. *L'età del capitale*
Thomas B., *Abramo Lincoln*
Thomas H., *Storia di Cuba 1762-1970*

Thompson, *La civiltà maya*
Todorov, *La conquista dell'America*
Todorov - Baudot, *Racconti aztechi della Conquista*
Vaillant, *La civiltà azteca*
Villari, *L'economia della crisi*
Von Hagen, *La Grande Strada del Sole*
Wachtel, *La visione dei vinti*
Zuidema, *Etnologia e storia*

Marcello Carmagnani
America latina
I ed., «Pbe»
Einaudi, Torino

003283